中华优秀传统文化在现代管理中的创造性转化与创新性发展工程
"中华优秀传统文化与现代管理融合"丛书

危机管理的传统智慧

王新刚 ◎ 著

企业管理出版社
ENTERPRISE MANAGEMENT PUBLISHING HOUSE

图书在版编目（CIP）数据

危机管理的传统智慧 / 王新刚著. -- 北京：企业管理出版社，2025.7. --（"中华优秀传统文化与现代管理融合"丛书）. -- ISBN 978-7-5164-3227-3

Ⅰ. F279.23

中国国家版本馆CIP数据核字第2025ZT4753号

书　　名：	危机管理的传统智慧
书　　号：	ISBN 978-7-5164-3227-3
作　　者：	王新刚
责任编辑：	徐金凤　练　瑞
特约设计：	李晶晶
出版发行：	企业管理出版社
经　　销：	新华书店
地　　址：	北京市海淀区紫竹院南路17号　邮　编：100048
网　　址：	http://www.emph.cn　电子信箱：emph001@163.com
电　　话：	编辑部（010）68701638　发行部（010）68417763　68414644
印　　刷：	北京联兴盛业印刷股份有限公司
版　　次：	2025年7月第1版
印　　次：	2025年7月第1次印刷
开　　本：	710mm×1000mm　1/16
印　　张：	13
字　　数：	180千字
定　　价：	78.00元

版权所有　翻印必究·印装有误　负责调换

编委会

主　任： 朱宏任　中国企业联合会、中国企业家协会党委书记、常务副会长兼秘书长

副主任： 刘　鹏　中国企业联合会、中国企业家协会党委委员、副秘书长
　　　　　孙庆生　《企业家》杂志主编

委　员：（按姓氏笔画排序）

丁荣贵　山东大学管理学院院长，国际项目管理协会副主席
马文军　山东女子学院工商管理学院教授
马德卫　山东国程置业有限公司董事长
王　伟　华北电力大学马克思主义学院院长、教授
王　庆　天津商业大学管理学院院长、教授
王文彬　中共团风县委平安办副主任
王心娟　山东理工大学管理学院教授
王仕斌　企业管理出版社副社长
王西胜　广东省蓝态幸福文化公益基金会学术委员会委员，菏泽市第十五届政协委员
王茂兴　寿光市政协原主席、关工委主任
王学秀　南开大学商学院现代管理研究所副所长
王建军　中国企业联合会企业文化工作部主任
王建斌　西安建正置业有限公司总经理
王俊清　大连理工大学财务部长
王新刚　中南财经政法大学工商管理学院教授
毛先华　江西大有科技有限公司创始人
方　军　安徽财经大学文学院院长、教授
邓汉成　万载诚济医院董事长兼院长

冯彦明	中央民族大学经济学院教授
巩见刚	大连理工大学公共管理学院副教授
毕建欣	宁波财经学院金融与信息学院金融工程系主任
吕　力	扬州大学商学院教授，扬州大学新工商文明与中国传统文化研究中心主任
刘文锦	宁夏民生房地产开发有限公司董事长
刘鹏凯	江苏黑松林粘合剂厂有限公司董事长
齐善鸿	南开大学商学院教授
江端预	株洲千金药业股份有限公司原党委书记、董事长
严家明	中国商业文化研究会范蠡文化研究分会执行会长兼秘书长
苏　勇	复旦大学管理学院教授，复旦大学东方管理研究院创始院长
李小虎	佛山市法萨建材有限公司董事长
李文明	江西财经大学工商管理学院教授
李景春	山西天元集团创始人
李曦辉	中央民族大学管理学院教授
吴通福	江西财经大学中国管理思想研究院教授
吴照云	江西财经大学原副校长、教授
吴满辉	广东鑫风风机有限公司董事长
余来明	武汉大学中国传统文化研究中心副主任
辛　杰	山东大学管理学院教授
张　华	广东省蓝态幸福文化公益基金会理事长
张卫东	太原学院管理系主任、教授
张正明	广州市伟正金属构件有限公司董事长
张守刚	江西财经大学工商管理学院市场营销系副主任
陈　中	扬州大学商学院副教授
陈　静	企业管理出版社社长兼总编辑
陈晓霞	孟子研究院党委书记、院长、研究员
范立方	广东省蓝态幸福文化公益基金会秘书长

范希春	中国商业文化研究会中华优秀传统文化传承发展分会专家委员会专家
林　嵩	中央财经大学商学院院长、教授
罗　敏	英德华粤艺术学校校长
周卫中	中央财经大学中国企业研究中心主任、商学院教授
周文生	范蠡文化研究（中国）联会秘书长，苏州干部学院特聘教授
郑俊飞	广州穗华口腔医院总裁
郑济洲	福建省委党校科学社会主义与政治学教研部副主任
赵德存	山东鲁泰建材科技集团有限公司党委书记、董事长
胡国栋	东北财经大学工商管理学院教授，中国管理思想研究院院长
胡海波	江西财经大学工商管理学院院长、教授
战　伟	广州叁谷文化传媒有限公司 CEO
钟　尉	江西财经大学工商管理学院讲师、系支部书记
宫玉振	北京大学国家发展研究院发树讲席教授、BiMBA 商学院副院长兼 EMBA 学术主任
姚咏梅	《企业家》杂志社企业文化研究中心主任
莫林虎	中央财经大学文化与传媒学院学术委员会副主任、教授
贾旭东	兰州大学管理学院教授，"中国管理 50 人"成员
贾利军	华东师范大学经济与管理学院教授
晁　罡	华南理工大学工商管理学院教授、CSR 研究中心主任
倪　春	江苏先锋党建研究院院长
徐立国	西安交通大学管理学院副教授
殷　雄	中国广核集团专职董事
凌　琳	广州德生智能信息技术有限公司总经理
郭　毅	华东理工大学商学院教授
郭国庆	中国人民大学商学院教授，中国人民大学中国市场营销研究中心主任

唐少清	北京联合大学管理学院教授，中国商业文化研究会企业创新文化分会会长
唐旭诚	嘉兴市新儒商企业创新与发展研究院理事长、执行院长
黄金枝	哈尔滨工程大学经济管理学院副教授
黄海啸	山东大学经济学院副教授，山东大学教育强国研究中心主任
曹振杰	温州商学院副教授
雪　漠	甘肃省作家协会副主席
阎继红	山西省老字号协会会长，太原六味斋实业有限公司董事长
梁　刚	北京邮电大学数字媒体与设计艺术学院副教授
程少川	西安交通大学管理学院副教授
谢佩洪	上海对外经贸大学学位评定委员会副主席，南泰品牌发展研究院首任执行院长、教授
谢泽辉	广东铁杆中医健康管理有限公司总裁
谢振芳	太原城市职业技术学院教授
蔡长运	福建林业技术学院教师，高级工程师
黎红雷	中山大学教授，全国新儒商团体联席会议秘书长
颜世富	上海交通大学东方管理研究中心主任

总编辑： 陈　静
副总编： 王仕斌
编　辑：（按姓氏笔画排序）
　　于湘怡　尤　颖　田　天　耳海燕　刘玉双　李雪松　杨慧芳
　　宋可力　张　丽　张　羿　张宝珠　陈　戈　赵喜勤　侯春霞
　　徐金凤　黄　爽　蒋舒娟　韩天放　解智龙

序 一

/

以中华优秀传统文化为源　启中国式现代管理新篇

中华优秀传统文化形成于中华民族漫长的历史发展过程中，不断被创造和丰富，不断推陈出新、与时俱进，成为滋养中国式现代化的不竭营养。它包含的丰富哲学思想、价值观念、艺术情趣和科学智慧，是中华民族的宝贵精神矿藏。党的十八大以来，以习近平同志为核心的党中央高度重视中华优秀传统文化的创造性转化和创新性发展。习近平总书记指出"中华优秀传统文化是中华民族的精神命脉，是涵养社会主义核心价值观的重要源泉，也是我们在世界文化激荡中站稳脚跟的坚实根基"。

管理既是人类的一项基本实践活动，也是一个理论研究领域。随着社会的发展，管理在各个领域变得越来越重要。从个体管理到组织管理，从经济管理到政务管理，从作坊管理到企业管理，管理不断被赋予新的意义和充实新的内容。而在历史进程中，一个国家的文化将不可避免地对管理产生巨大的影响，可以说，每一个重要时期的管理方式无不带有深深的文化印记。随着中国步入新时代，在管理领域实施中华优秀传统文化的创造性转化和创新性发展，已经成为一项应用面广、需求量大、题材丰富、潜力巨大的工作，在一些重要领域可能产生重大的理论突破和丰硕的实践成果。

第一，中华优秀传统文化中蕴含着丰富的管理思想。 中华优秀传统文化源远流长、博大精深，在管理方面有着极为丰富的内涵等待提炼和转化。比如，儒家倡导"仁政"思想，强调执政者要以仁爱之心实施管理，尤其要注重道德感化与人文关怀。借助这种理念改善企业管理，将会推进构建和谐的组织人际关系，提升员工的忠诚度，增强其归属感。又如，道家的"无为而治"理念延伸到今天的企业管理之中，就是倡导顺应客观规律，避免过度干预，使组织在一种相对宽松自由的环境中实现自我调节与发展，管理者与员工可各安其位、各司其职，充分发挥个体的创造力。再如，法家的"法治"观念启示企业管理要建立健全规章制度，以严谨的体制机制确保组织运行的有序性与规范性，做到赏罚分明，激励员工积极进取。可以明确，中华优秀传统文化为现代管理提供了多元的探索视角与深厚的理论基石。

第二，现代管理越来越重视文化的功能和作用。 现代管理是在人类社会工业化进程中产生并发展的科学工具，对人类经济社会发展起到了至关重要的推进作用。自近代西方工业革命前后，现代管理理念与方法不断创造革新，在推动企业从传统的小作坊模式向大规模、高效率的现代化企业，进而向数字化企业转型的过程中，文化的作用被空前强调，由此衍生的企业使命、愿景、价值观成为企业发展最为强劲的内生动力。以文化引导的科学管理，要求不仅要有合理的组织架构设计、生产流程优化等手段，而且要有周密的人力资源规划、奖惩激励机制等方法，这都极大地增强了员工在企业中的归属感并促进员工发挥能动作用，在创造更多的经济价值的同时体现重要的社会价值。以人为本的现代管理之所以在推动产业升级、促进经济增长、提升国际竞争力等方面须臾不可缺少，是因为其体现出企业的使命不仅是获取利润，更要注重社会责任与可持续发展，在环境保护、社会公平等方面发挥积极影响力，推动人类社会向着更加文明、和谐、包容、可持续的方向迈进。今天，管理又面临数字技术的挑战，更加需要更多元的思想基础和文化资源的支持。

第三，中华优秀传统文化与现代管理结合研究具有极强的必要性。随着全球经济一体化进程的加速，文化多元化背景下的管理面临着前所未有的挑战与机遇。一方面，现代管理理论多源于西方，在应用于本土企业与组织时，往往会出现"水土不服"的现象，难以充分契合中国员工与生俱来的文化背景与社会心理。中华优秀传统文化所蕴含的价值观、思维方式与行为准则能够为现代管理面对中国员工时提供本土化的解决方案，使其更具适应性与生命力。另一方面，中华优秀传统文化因其指导性、亲和性、教化性而能够在现代企业中找到新的传承与发展路径，其与现代管理的结合能够为经济与社会注入新的活力，从而实现优秀传统文化在企业管理实践中的创造性转化和创新性发展。这种结合不仅有助于提升中国企业与组织的管理水平，增强文化自信，还能够为世界管理理论贡献独特的中国智慧与中国方案，促进不同文化的交流互鉴与共同发展。

近年来，中国企业在钢铁、建材、石化、高铁、电子、航空航天、新能源汽车等领域通过锻长板、补短板、强弱项，大步迈向全球产业链和价值链的中高端，成果显著。中国企业取得的每一个成就、每一项进步，离不开中国特色现代管理思想、理论、知识、方法的应用与创新。中国特色的现代管理既有"洋为中用"的丰富内容，也与中华优秀传统文化的"古为今用"密不可分。

"中华优秀传统文化与现代管理融合"丛书（以下简称"丛书"）正是在这一时代背景下应运而生的，旨在为中华优秀传统文化与现代管理的深度融合探寻路径、总结经验、提供借鉴，为推动中国特色现代管理事业贡献智慧与力量。

"丛书"汇聚了中国传统文化学者和实践专家双方的力量，尝试从现代管理领域常见、常用的知识、概念角度细分开来，在每个现代管理细分领域，回望追溯中华优秀传统文化中的对应领域，重在通过有强大生命力的思想和智慧精华，以"古今融会贯通"的方式，进行深入研究、探索，以期推出对我国现代管理有更强滋养力和更高使用价值的系列成果。

文化学者的治学之道，往往是深入研究经典文献，挖掘其中蕴含的智慧，并对其进行系统性的整理与理论升华。据此形成的中华优秀传统文化为现代管理提供了深厚的文化底蕴与理论支撑。研究者从浩瀚典籍中梳理出优秀传统文化在不同历史时期的管理实践案例，分析其成功经验与失败教训，为现代管理提供了宝贵的历史借鉴。

实践专家则将传统文化理念应用于实际管理工作中，通过在企业或组织内部开展文化建设、管理模式创新等实践活动，检验传统文化在现代管理中的可行性与有效性，并根据实践反馈不断调整与完善应用方法。他们从企业或组织运营的微观层面出发，为传统文化与现代管理的结合提供了丰富的实践经验与现实案例，使传统文化在现代管理中的应用更具操作性与针对性。

"丛书"涵盖了从传统文化与现代管理理论研究到不同行业、不同

序 一

领域应用实践案例分析等多方面内容,形成了一套较为完整的知识体系。"丛书"不仅是研究成果的结晶,更可看作传播中华优秀传统文化与现代管理理念的重要尝试。还可以将"丛书"看作一座丰富的知识宝库,它全方位、多层次地为广大读者提供了中华优秀传统文化在现代管理中应用与发展的工具包。

可以毫不夸张地说,每一本图书都凝聚着作者的智慧与心血,或是对某一传统管理思想在现代管理语境下的创新性解读,或是对某一行业或领域运用优秀传统文化提升管理效能的深度探索,或是对传统文化与现代管理融合实践中成功案例与经验教训的详细总结。"丛书"通过文字的力量,将传统文化的魅力与现代管理的智慧传递给广大读者。

在未来的发展征程中,我们将持续深入推进中华优秀传统文化在现代管理中的创造性转化和创新性发展工作。我们坚信,在全社会的共同努力下,中华优秀传统文化必将在现代管理的广阔舞台上绽放出更加绚丽多彩的光芒。在中华优秀传统文化与现代管理融合发展的道路上砥砺前行,为实现中华民族伟大复兴的中国梦做出更大的贡献!

是为序。

朱宏任

中国企业联合会、中国企业家协会
党委书记、常务副会长兼秘书长

序　二

文化传承　任重道远

财政部国资预算项目"中华优秀传统文化在现代管理中的创造性转化与创新性发展工程"系列成果——"中华优秀传统文化与现代管理融合"丛书和读者见面了。

一

这是一组可贵的成果，也是一组不够完美的成果。

说她可贵，因为这是大力弘扬中华优秀传统文化（以下简称优秀文化）、提升文化自信、"振民育德"的工作成果。

说她可贵，因为这套丛书汇集了国内该领域一批优秀专家学者的优秀研究成果和一批真心践行优秀文化的企业和社会机构的卓有成效的经验。

说她可贵，因为这套成果是近年来传统文化与现代管理有效融合的规模最大的成果之一。

说她可贵，还因为这个项目得到了财政部、国务院国资委、中国企业联合会等部门的宝贵指导和支持，得到了许多专家学者、企业家等朋友的无私帮助。

说她不够完美，因为学习践行传承发展优秀文化永无止境、永远在进步完善的路上，正如王阳明所讲"善无尽""未有止"。

说她不够完美，因为优秀文化在现代管理的创造性转化与创新性发展中，还需要更多的研究专家、社会力量投入其中。

说她不够完美，还因为在践行优秀文化过程中，很多单位尚处于摸索阶段，且需要更多真心践行优秀文化的个人和组织。

当然，项目结项时间紧、任务重，也是一个逆向推动的因素。

二

2022年，在征求多位管理专家和管理者意见的基础上，我们根据有关文件精神和要求，成立专门领导小组，认真准备，申报国资预算项目"中华优秀传统文化在现代管理中的创造性转化与创新性发展工程"。经过严格的评审筛选，我们荣幸地获准承担该项目的总运作任务。之后，我们就紧锣密鼓地开始了调研工作，走访研究机构和专家，考察践行优秀文化的企业和社会机构，寻找适合承担子项目的专家学者和实践单位。

最初我们的计划是，该项目分成"管理自己""管理他人""管理事务""实践案例"几部分，共由60多个子项目组成；且主要由专家学者的研究成果专著组成，再加上几个实践案例。但是，在调研的初期，我们发现一些新情况，于是基于客观现实，适时做出了调整。

第一，我们知道做好该项目的工作难度，因为我们预想，在优秀文

序　二

化和现代管理两个领域都有较深造诣并能融会贯通的专家学者不够多。在调研过程中，我们很快发现，实际上这样的专家学者比我们预想的更少。与此同时，我们在广东等地考察调研过程中，发现有一批真心践行优秀文化的企业和社会机构。经过慎重研究，我们决定适当提高践行案例比重，研究专著占比适当降低，但绝对数不一定减少，必要时可加大自有资金投入，支持更多优秀项目。

第二，对于子项目的具体设置，我们不执着于最初的设想，固定甚至限制在一些话题里，而是根据实际"供给方"和"需求方"情况，实事求是地做必要的调整，旨在吸引更多优秀专家、践行者参与项目，支持更多优秀文化与现代管理融合的优秀成果研发和实践案例创作的出版宣传，以利于文化传承发展。

第三，开始阶段，我们主要以推荐的方式选择承担子项目的专家、企业和社会机构。运作一段时间后，考虑到这个项目的重要性和影响力，我们觉得应该面向全社会吸纳优秀专家和机构参与这个项目。在请示有关方面同意后，我们于2023年9月开始公开征集研究人员、研究成果和实践案例，并得到了广泛响应，许多人主动申请参与承担子项目。

三

这个项目从开始就注重社会效益，我们按照有关文件精神，对子项目研发创作提出了不同于一般研究课题的建议，形成了这个项目自身的特点。

（一）重视情怀与担当

我们很重视参与项目的专家和机构在弘扬优秀文化方面的情怀和担当，比如，要求子项目承担人"发心要正，导人向善""充分体现优秀文化'优秀'二字内涵，对传统文化去粗取精、去伪存真"等。这一点与通常的课题项目有明显不同。

（二）子项目内容覆盖面广

一是众多专家学者从不同角度将优秀文化与现代管理有机融合。二是在确保质量的前提下，充分考虑到子项目的代表性和示范效果，聚合了企业、学校、社区、医院、培训机构及有地方政府背景的机构；其他还有民间传统智慧等内容。

（三）研究范式和叙述方式的创新

我们提倡"选择现代管理的一个领域，把与此密切相关的优秀文化高度融合、打成一片，再以现代人喜闻乐见的形式，与选择的现代管理领域实现融会贯通"，在传统文化方面不局限于某人、某家某派、某经典，以避免顾此失彼、支离散乱。尽管在研究范式创新方面的实际效果还不够理想，有的专家甚至不习惯突破既有的研究范式和纯学术叙述方式，但还是有很多子项目在一定程度上实现了研究范式和叙述方式的创新。另外，在创作形式上，我们尽量发挥创作者的才华智慧，不做形式上的硬性要求，不因形式伤害内容。

（四）强调本体意识

"本体观"是中华优秀传统文化的重要标志，相当于王阳明强调的"宗旨"和"头脑"。两千多年来，特别是近现代以来，很多学者在认知优秀文化方面往往失其本体，多在细枝末节上下功夫；于是，著述虽多，有的却如王阳明讲的"不明其本，而徒事其末"。这次很多子项目内容在优秀文化端本清源和体用一源方面有了宝贵的探索。

（五）实践丰富，案例创新

案例部分加强了践行优秀文化带来的生动事例和感人故事，给人以触动和启示。比如，有的地方践行优秀文化后，离婚率、刑事案件大幅度下降；有家房地产开发商，在企业最困难的时候，仍将大部分现金支付给建筑商，说"他们更难"；有的企业上新项目时，首先问的是"这个项目有没有公害？""符不符合国家发展大势？""能不能切实帮到一批人？"；有家民营职业学校，以前不少学生素质不高，后来他们以优秀文化教化学生，收到良好效果，学生素质明显提高，有的家长流着眼泪跟校长道谢："感谢学校救了我们全家！"；等等。

四

调研考察过程也是我们学习总结反省的过程。通过调研，我们学到了许多书本中学不到的东西，收获了满满的启发和感动。同时，我们发现，在学习阐释践行优秀文化上，有些基本问题还需要进一步厘清和重视。试举几点：

（一）"小学"与"大学"

这里的"小学"指的是传统意义上的文字学、音韵学、训诂学等，而"大学"是指"大学之道在明明德"的大学。现在，不少学者特别是文史哲背景的学者，在"小学"范畴苦苦用功，做出了很多学术成果，还需要在"大学"修身悟本上下功夫。陆九渊说："读书固不可不晓文义，然只以晓文义为是，只是儿童之学，须看意旨所在。"又说"血脉不明，沉溺章句何益？"

（二）王道与霸道

霸道更契合现代竞争理念，所以更为今人所看重。商学领域的很多人都偏爱霸道，认为王道是慢功夫、不现实，霸道更功利、见效快。孟子说："仲尼之徒无道桓、文之事者。"（桓、文指的是齐桓公和晋文公，春秋著名两霸）王阳明更说这是"孔门家法"。对于王道和霸道，王阳明在其"拔本塞源论"中有专门论述："三代之衰，王道熄而霸术焻……霸者之徒，窃取先王之近似者，假之于外，以内济其私己之欲，天下靡然而宗之，圣人之道遂以芜塞。相仿相效，日求所以富强之说，倾诈之谋，攻伐之计……既其久也，斗争劫夺，不胜其祸……而霸术亦有所不能行矣。"

其实，霸道思想在工业化以来的西方思想家和学者论著中体现得很多。虽然工业化确实给人类带来了福祉，但是也带来了许多不良后果。联合国《未来契约》（2024年）中指出"我们面临日益严峻、关乎存亡的灾难性风险"。

（三）小人儒与君子儒

在"小人儒与君子儒"方面，其实还是一个是否明白优秀文化的本体问题。陆九渊说："古之所谓小人儒者，亦不过依据末节细行以自律"，而君子儒简单来说是"修身上达"。现在很多真心践行优秀文化的个人和单位做得很好，但也有些人和机构，日常所做不少都还停留在小人儒层面。这些当然非常重要，因为我们在这方面严重缺课，需要好好补课，但是不能局限于或满足于小人儒，要时刻也不能忘了行"君子儒"。不可把小人儒当作优秀文化的究竟内涵，这样会误己误人。

（四）以财发身与以身发财

《大学》讲："仁者以财发身，不仁者以身发财。"以财发身的目的是修身做人，以身发财的目的是逐利。我们看到有的身家亿万的人活得很辛苦、焦虑不安，这在一定意义上讲就是以身发财。我们在调查过程中也发现有的企业家通过学习践行优秀文化，从办企业"焦虑多""压力大"到办企业"有欢喜心"。王阳明说："常快活便是功夫。""有欢喜心"的企业往往员工满足感、幸福感更强，事业也更顺利，因为他们不再贪婪自私甚至损人利己，而是充满善念和爱心，更符合天理，所谓"得道者多助"。

（五）喻义与喻利

子曰："君子喻于义，小人喻于利。"义利关系在传统文化中是一个很重要的话题，也是优秀文化与现代管理融合绕不开的话题。前面讲到的那家开发商，在企业困难的时候，仍坚持把大部分现金支付给建筑商，他们收获的是"做好事，好事来"。相反，在文化传承中，有的机构打着"文化搭台经济唱戏"的幌子，利用人们学习优秀文化的热情，搞媚俗的文化活动赚钱，歪曲了优秀文化的内涵和价值，影响很坏。我们发现，在义利观方面，一是很多情况下把义和利当作对立的两个方面；二是对义利观的认知似乎每况愈下，特别是在西方近代资本主义精神和人性恶假设背景下，对人性恶的利用和鼓励（所谓"私恶即公利"），出现了太多的重利轻义、危害社会的行为，以致产生了联合国《未来契约》中"可持续发展目标的实现岌岌可危"的情况。人类只有树立正确的义利观，才能共同构建人类命运共同体。

（六）笃行与空谈

党的十八大以来，党中央坚持把文化建设摆在治国理政突出位置，全国上下掀起了弘扬中华优秀传统文化的热潮，文化建设在正本清源、守正创新中取得了历史性成就。在大好形势下，有一些个人和机构在真心学习践行优秀文化方面存在不足，他们往往只停留在口头说教、走过场、做表面文章，缺乏真心真实笃行。他们这么做，是对群众学习传承优秀文化的误导，影响不好。

五

文化关乎国本、国运，是一个国家、一个民族发展中最基本、最深沉、最持久的力量。

中华文明源远流长，中华文化博大精深。弘扬中华优秀传统文化任重道远。

"中华优秀传统文化与现代管理融合"丛书的出版，不仅凝聚了子项目承担者的优秀研究成果和实践经验，同事们也付出了很大努力。我们在项目组织运作和编辑出版工作中，仍会存在这样那样的缺点和不足。成绩是我们进一步做好工作的动力，不足是我们今后努力的潜力。真诚期待广大专家学者、企业家、管理者、读者，对我们的工作提出批评指正，帮助我们改进、成长。

企业管理出版社国资预算项目领导小组

前　言

品牌危机管理是企业很难回避的问题，总体来看，品牌危机产生的原因可分为内因和外因；发生环境有线上的，也有线下的；波及市场有单个国家的，也有国际的；涉事主体有单个企业的，也有同一行业多个企业的；等等。每种情境下品牌危机管理的应对策略都有其独特性和不可复制性，都值得深入研究。近年来，国家对自主品牌建设越来越重视，同时，随着自媒体科技的兴起，与传统线下环境相比，当下的品牌危机出现得越来越频繁，问题也越来越复杂，网络的影响力又常常会将危机问题放大。面对这种情况，企业不仅缺少应对的经验，也缺少理论方面的指导。尤其是自媒体环境下，有些消费者有意或无意伤害企业后，引起网络上的跟风传播，企业该如何应对？管理实践中，有的企业通过法律维权，结果遭到网络上的抵制。由此可见，品牌危机管理值得研究的话题很多。

对这些问题的回答，以往基本按照西方学术研究的范式进行分析和验证，但经过多年的学习和认知的提升，中国学者发现西方管理学中的一些概念、量表和理论等在中国有些水土不服。而且大多文章中建立的单向因果关系的模型，并不能很好地解释本土管理实践中问题的复杂性和多样性。综观历史，西学东渐之后，东学西渐之势逐步形成，国家提出要加快构建具有自身特质的学科体系、学术体系、话语体系。其中的

"自身特质"应包括中华优秀传统文化基因，中国传统文化凸显阴阳思维、天人合一整体思维、象数思维、中和思维等，与西方文化不同。从结论上来看，人们对世界的认识，可以分三个层面：通过感官得出的经验性结论（地）；通过西方学术研究范式得出的科学性结论（人）；向自然学习，通过戒、定之后靠内心感悟得出的智慧性结论（天）。其中，最容易因时空转换而被推翻的部分结论，大概率会出现在科学性结论部分，因为它们受到人类认知局限性的影响。

因此，作为一名中华优秀传统文化忠诚的爱好者、学习者和传播者，我希望能够通过对传统智慧的研究来指导品牌危机管理，进而构建本土理论框架。先贤的经典文献表达，与当今的白话文有着根本的不同，因而尊重原著的表达非常重要，所以本书中，我会尽可能引用先贤的原话。佛家讲，一音说法，随类异解。对此，我也会基于传统智慧的表达，结合当今时代特征和品牌危机情境，提出自己的见解。整体上，本书参考了庞朴老师《中国文化十一讲》的风格和写法，共分为十讲，第一讲主要比较东西方研究思维，为本书的写作风格做一个铺垫，后面九讲是我们团队多年的研究成果的整合总结。每一讲都从提出问题到提供研究结论，同时也融入对先贤智慧的解读。后九讲分析了不同类型的品牌危机管理，有内因造成的品牌危机，如企业家负面行为、产品质量缺陷、假洋品牌身份、直播带货操作；也有外因造成的品牌危机，如消费者伤害、外群体威胁、品牌丑闻溢出；还有内外因同时造成的品牌危机，如定价失误后遭遇"薅羊毛"行为。

本书后九讲有三个特点。首先，每一讲都会以代表性事件或实践现象开篇，一方面说明研究问题来源于实践，另一方面是因为这些事件在

前　言

其发生的时空背景下有一定的影响力。其次，每一讲都会尽可能结合本土文化元素画图，一幅图往往胜过千言万语，图解式思维在中国传统文化中占有重要的地位并发挥了较大影响，如阴阳八卦图，这也是本土理论框架的一种特质展现。最后，每一讲都适当地融入传统智慧的解读或演绎，借此对品牌危机管理的学术结论升华，这并非大篇幅的引经据典，重复先贤的智慧表达，因为那样作者的思考和创作就难以体现。本书的写作，不仅使用专业的学术语言，也会采用通俗易懂的表达，因为要想实现中华优秀传统文化在现代管理中的创造性转化和创新性发展，不仅要在理论或思想上有所突破，也应该得到更多业界管理人员的认同。

　　本书是我主持的"国家自然科学基金面上项目（社交媒体环境下被伤害品牌的自我救赎逻辑研究：群体极化理论视角）"的研究成果之一。本书的出版是我多年来对品牌危机研究和传统智慧感悟的结果，常言道：文无第一，武无第二；仁者见仁，智者见智。如果大家有不同意见，欢迎交流。

王新刚

于晓南湖畔

2024年4月16日

目 录

第一讲 东西方研究思维比较：做学术还是做学问 1
  一、东西方学术研究思维比较的缘起 3
  二、学习西方学术研究过程中的问题 3
  三、学习西方学术研究的历史分析 6
  四、如何构建本土理论框架 7
  五、东西方文化思维差异的根本原因 8
  六、中华优秀传统文化的认识和学习 11
  七、建构本土理论框架的难点分析 14
  八、本土理论贡献世界的期许 15

第二讲 企业家前台化行为评价标准：情理法还是法理情 19
  一、企业家前台化负面行为事件描述 21
  二、企业家前台化负面行为的分类 22
  三、企业家行为与企业品牌形象的关系 25
  四、做品牌等同于做人和做事 26
  五、做人做事的评价标准：情理法 28
  六、违法和违情的比较结果 30
  七、社会生活方式与情理法的排序 31
  八、企业家该如何做人、做事、做品牌 33

第三讲　全球市场产品召回：一视同仁还是区别对待　37
一、产品召回事件的描述　39
二、产品召回的分类及前因后果　40
三、产品召回研究的评价分析　42
四、理论基础：公平、公正、公道的解析　43
五、一视同仁为何比区别对待好　45
六、当事人比旁观者的评价更加极化　46
七、东方文化思维比西方文化思维的消费者评价更加极化　47
八、全球市场产品召回双重标准的研究价值　48
九、全球市场产品召回双重标准的管理启示　49

第四讲　城门失火，殃及谁家门口的鱼？"天地人"框架的分析　53
一、品牌丑闻跨国非对称溢出效应事例解读　55
二、品牌丑闻溢出层面和"天地人"概念解读　56
三、"天地人"框架对品牌丑闻溢出效应的影响　59
四、"天地人"三个层面的研究价值　64
五、"天地人"三个层面的管理启示　65

第五讲　如何化"危"为"机"？"舍得"的诠释和解读　69
一、危机情境下品牌"大舍"和"小舍"事例描述　71
二、品牌危机应对策略的比较分析　72
三、"舍得"本土理论框架的建立　75
四、危机情境下"大舍"和"小舍"的比较分析　80
五、危机情境下天灾和人为的比较分析　81
六、消费者对危机情境下"大舍"、"小舍"和"不舍"的反应　82

目 录

　　七、危机情境下"舍得"的研究价值　84
　　八、危机情境下"舍得"的管理启示　84

第六讲　本土品牌异化：如何治理假洋品牌　87
　　一、实践中假洋品牌事件及问题描述　89
　　二、理论上假洋品牌的来源及概念界定　90
　　三、消费者对假洋品牌评价的数据收集与分析　94
　　四、假洋品牌存在的影响因素　96
　　五、假洋品牌存在影响因素及其治理的理论抽象与回归　98
　　六、假洋品牌存在影响因素及其治理研究的理论价值　100
　　七、假洋品牌存在影响因素及其治理研究的现实意义　102

第七讲　"薅羊毛"行为：经济理性引发社会失范　105
　　一、"薅羊毛"事件的问题描述　107
　　二、品牌危机的分类、归因、结果及应对　109
　　三、品牌危机情境下"薅羊毛"事件描述　111
　　四、"薅羊毛"行为引发的社会失范　113
　　五、"薅羊毛"行为引发社会失范的理论抽象与回归　116
　　六、品牌危机情境下"薅羊毛"行为的研究价值　119
　　七、品牌危机情境下"薅羊毛"行为的管理启示　120

第八讲　直播带货如何规范前行　123
　　一、直播带货"翻车"问题描述　125
　　二、影响直播带货绩效的因素　126
　　三、不当直播带货的不良后果及其治理　127

3

四、直播带货"翻车"事件选取和描述　129
　　五、直播带货行为规范理论依据　131
　　六、直播带货"抑恶从善"理论框架的解读　135
　　七、直播带货"翻车"行为的研究价值　138
　　八、直播带货"翻车"实践分析与指导　139

第九讲　外群体威胁和品牌族性如何影响品牌转换意愿　145
　　一、外群体威胁企业品牌事件描述　147
　　二、品牌危机的来源　148
　　三、"我们感"概述　150
　　四、以往学者对品牌族性的界定及测量　151
　　五、中国情境下品牌族性的内涵及构成维度　153
　　六、外群体威胁对品牌转换意愿的影响过程　155
　　七、外群体威胁情境下品牌族性如何发挥作用　156
　　八、外群体威胁和品牌族性的研究价值　159
　　九、外群体威胁和品牌族性的管理启示　160

第十讲　依法维权还是营销沟通？自媒体环境下被伤害品牌应对策略解析　163
　　一、社交媒体环境下"弱者"伤害"强者"事例描述　165
　　二、企业与消费者之间的伤害及应对　165
　　三、社交媒体环境下，"弱者"伤害"强者"后，"强者"该如何进行法律应对　170
　　四、社交媒体环境下，"弱者"伤害"强者"后，"强者"该如何进行营销沟通　174
　　五、社交媒体环境下被伤害企业危机应对的研究价值　177

参考文献　180

第一讲
东西方研究思维比较：做学术还是做学问

本讲主要研究东西方学术研究思维的差异及其产生的原因。俗话说：橘生淮南则为橘，生于淮北则为枳。每个国家的发展历程都与自己的"天、地、人"在不同历史阶段的结合有着密不可分的关系。我们为何要学习西方的学术研究范式？在学习中会遇到什么样的问题？我们如何建构本土的学科体系、学术体系和话语体系？追根溯源，一个国家文化思维的形成究竟与什么有关系？综观历史，西学东渐和东学西渐是文明交流融合不同历史阶段的表现，百年未有之大变局会给中华优秀传统文化的传承与发展带来怎样的机遇和挑战？且看本讲内容。

一、东西方学术研究思维比较的缘起

说起来，东西方研究思维比较这个话题比较大。尽管我从事学术研究已有近二十年的时间，依然没有把握能够准确回答这样一个命题，只能尽力而为，希望能够为学界提供一些启发和思考。选择这样一个问题作为本书开篇第一讲，是出于两个方面的考虑。一方面是因为学术研究过程中，需要经常穿插于西方和中国的文献书籍之间，就像一会儿看西方电影，一会儿看中国电影；一会儿吃西餐，一会儿吃中餐。这种高频强烈的对比，不能不让我去思考两种文化背景下研究思维的差异。另一方面是因为多年的学术研究，让我认识到要做适合"自己"的研究，毕竟长期吃"西餐"，对中国人来说，还是没有办法完全接受的。同时，我也不忍心看到后来的年轻学者盲目学习，"吃坏"了身体，这一点近代不同领域的学者都曾指出过。

2008年我在武汉大学刚读博士的时候，还不知道什么是学术研究，就有老师说要尽量多看国际一流期刊的文献。能够在国际顶刊上发表文章，似乎成了我们努力奋斗的目标。后来在一次讲座上，有老师提到学术研究中的变量测量量表不适用于中国情境，建议大家在使用的过程中做适当的修改。当时，我并不以为然，只想着早点毕业找工作。入职高校工作至今，我虽然也发表了一些文章，但始终在东西方研究思维的碰撞中艰难前行。客观来讲，西方学术在研究方法和逻辑推导方面值得我们学习，但西方文献中的概念、量表、研究范式等，是否能够直接在中国文化背景下使用值得商榷，这也是我要提醒后来的年轻学者在开展学术研究过程中需要注意的地方。

二、学习西方学术研究过程中的问题

首先是概念界定。语言是文化表现的重要载体，比如，中英双语环境中做学术研究，就需要频繁地将英语转换为汉语，或将汉语转换为英语，内涵及意义难以对应。如果没有在两种文化背景下长期生活并深入学习，又怎么可能准确地理解学术研究中的概念翻译呢？

近年来发表的学术成果越来越多，如果把学术研究视为"挖矿"，有些方向的"矿"就会越来越少，若想在这些方向上挖出新"矿"，就不得不想办法创造一些新的概念，或者去寻找新的实践现象或方向。对于新的概念，我们曾见到不同的文章中，概念之间存在包含与被包含的关系，或者说两个概念重合的部分占比很大；也有不同学科对同一个目标物的表达不同，但它们的内涵是一样的，这些情况在中英文文献中都是存在的。还有些概念在翻译为中文的过程中并不统一，这种情况也是非常普遍的。比如，每个相近的概念像是一把梳子，这些梳子可能由不同材料做成，或者涂上了不同的颜色，或者大小长短不一样，但最终它们都是梳子，本质上是没有区别的。为何有的学者会将原有的概念换一种表达，陈述与原来概念的细微区别呢？学界是否需要那么多的"梳子"？概念是学术研究的基石，基石如果不稳，所得出的研究结论可想而知。

其次是变量测量。在学术研究中，变量可分为观测变量和潜变量。观测变量就是用眼睛能分辨的，如男女、黑白；潜变量是不能用眼睛直接观察到的，需要通过量表来测量，就像你有多重或者多高，需要用秤或尺子测量一下。对客观事物而言，这是没有问题的，但对人的心理、态度或意愿的测量就出现问题了，因为这些指标很难规范和测量，也很不稳定。这也是相关实验研究不能得出一致结论的原因。同样的实验设计，不同的群体、不同的时空是否能得出稳定的、一致的结论？学术研究的规范是：只要是潜变量就需要通过量表来测量，那么准确地找到适合自己研究情境的量表就是一个重要的任务。如果找不到呢？多年前开发的量表，现在还能用或适合用吗？自己开发是否被人认可？而且量表开发的成本也是相当高的。尽管有学者整理了量表手册，但每个研究又有自己的情境，要想找到非常契合的工具还是很不容易。另外，西方文化背景下的量表在翻译成中文后，会出现不好理解的问题。前些年，变量的测量需要五个及五个以上问项的情况很多，近几年变量的测量问项相对少了很多。当然，还有量表的信度和效度等存在的问题。

再次是研究范式。西方学术以实证研究为主，尽管有定性和定量两种类型，但管理领域尤其是营销方向，还是以定量研究居多。每种方法都不是万能的，哪个是学科的主流，取决于制度设计或者拥有话语权群体的路径依赖和偏好。实证研究是自然科学的主流范式，为何人文类学科也要遵循呢？这与西方文化有很大关系。自然科学是研究客观规律的，很多问题都有具体的、确定性的答案，而人文学科是研究"人或人心"的，能采用量化的方式进行测量吗？更何况当下主流的因果研究都是单向的。实践中很多问题都不是简单的因果关系，它们处在复杂而又系统的因果中，就像哲学的因果律中讲到的一因多果、多因一果，也有可能是大因小果、小因大果、有因无果或者无因有果。另外，人的心理反应也是很复杂的，为什么中介的路径必须仅有那么一个或两个变量呢？

最后是理论贡献。近几年常有学者和编辑会提到论文的理论边际贡献，认为在研究模型中，发现自变量对因变量的影响（what）理论贡献最大，揭示中介变量（why）其次，找到调节变量或边界条件（how）最小，理论贡献也是按照这个顺序边际递减。我认为这种说法并不绝对正确，如果有人在宇宙中发现了一个未知的星球（what），他的贡献很大；牛顿看到苹果掉在地上，发现万有引力定律（why），贡献也不小；还有人发现苹果在真空（how）中不能自由落体，同样有很大的贡献。随着不少新生事物和现象开始涌现，有些学者误以为新的现象或实践的背后能够挖掘出新的理论贡献，其实并不是这样的。新的现象背后不一定会有新的理论贡献。比如研究痛苦的来源，有人考试没有通过，他很痛苦；有人失恋，也很痛苦，那么，有学者认为失恋是个新的现象，存在新的理论贡献，值得研究，这就有问题了。因为考试失败和失恋本质上来说都是"得不到"。如果有一个人什么都有，他依然痛苦，学者仔细研究后发现，其痛苦的来源是"放不下"，我认为这才是找到了新的理论贡献点。

三、学习西方学术研究的历史分析

讲到这里，相信读者们已经明白，学习西方学术研究存在一定的问题，当然也不能全盘否定。20世纪初，陈独秀、胡适等人扛起了新文化运动的大旗，拥护"德先生（Democracy）"和"赛先生（Science）"，也就是提倡民主和科学，或许这是历史的选择。具体管理学研究领域，一直到20世纪末，国内管理学界都很少看到有实证研究的论文发表。但从2000年至今，国内发表的管理学实证研究论文越来越多，中国学者在国际一流期刊中发表的管理学论文也越来越多。

从宏观层面来讲，东学西渐和西学东渐是东西方文化相互补充交流的过程，其中，西学东渐是指近代西方学术思想向中国传播的历史过程，东学西渐与之相反。事物的发展都是周期性的，东学西渐和西学东渐两个阶段统一于世界文明交流融合（见图1-1）。当今世界正经历百年未有之大变局，国家不断倡导弘扬中国优秀传统文化，构建本土学科体系、学术体系和话语体系，具体到论文写作，主要体现在本土理论框架的建立。在管理学界，越来越多的学者认识到将自己的学科融入中华优秀传统文化开展研究的重要性，每个学者都是一股力量，相信这股力量会越聚越大。

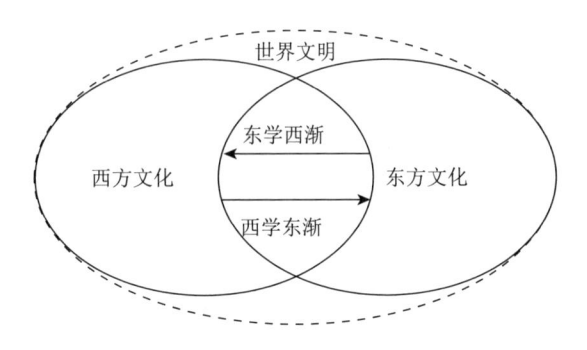

图 1-1　世界文明交流融合

所谓科学是指分科之学，学科越分越细，越分越小，在此基础上的学术研究着眼点就更小。如果把不同学科比作一棵树，那么树根应该是历史维度上沉淀的文化，树干可视为哲学或国学之类的主干学科，其他学科可视为主干延伸出来的枝叶，如果我们沿着枝叶继续发散研究，就会无路可走。结合当下实践的发展需要，各个领域开始提倡学科交叉或融通，寻找更多的学科发展机会，这确实是一个方向。但我认为还有一个机会，那就是反过来向树干和树根汲取营养，将中华优秀传统文化融入自己的学科，这才是管理理论更大的创新机会所在，同时也可以构建本土理论框架。这样做才符合大学的传统意义——"学大"，即学大学问的地方。

四、如何构建本土理论框架

如何实现本土理论框架的建构？对管理学界的学者来说是一个巨大的挑战。有没有一套清晰的范式可以遵循？学界是否认可这套范式？我想对这些问题的回答需要时间。中国文化博大精深、源远流长、兼容并蓄、丰富多彩，是世界上唯一长期延续发展而从未中断过的文化。中国文化的基因藏在文献典藏、历史古迹、社会习俗等载体之中。至于文献典藏，我在课堂上多次问过不同专业的学生，他们很少有人看过经史子集一类的中国古代典籍，对 20 世纪的国学名家钱穆、陈寅恪、梁漱溟等人更是知之甚少，令人遗憾。关于历史古迹，又有多少人真正了解古迹和文物背后真实的故事？中国古代的传统社会习俗，现在还保留了多少？社会的发展和生活方式的变化，对优秀传统文化的传承影响很大。

近些年，我们团队尝试在学术研究中构建本土理论框架，如采用"天地人"框架分析品牌丑闻跨国非对称溢出效应，危机情境下品牌"舍得"行为应对，品牌摆架子、薅羊毛行为，试图以中国文化指导中国研究，用中国话语讲述中国故事。但我们在投稿过程中，会遇到一些问题。比如，论文中思想性语言过多，研究结论的表达超出了管理学语境，上升到了哲学层面，等等。因此，如何做好思想性和学术性的兼容，是本土理论框架建构的重要一环。当下的学术论文除了专业和学术用语，很少有传统文化、思想和精神方面的内容表达，与中国古代先贤的作品相比，有着极大的不同。更何况不少中文期刊虽然要求引用一定比例的中文文献，但大多是近五年或近三年的，这样就把"古"排除在外了。我曾在一次会议的心得分享中提到，古代有唐诗、宋词、元曲、明清小说，当今时代的文化特征是什么？后人会如何总结和提炼我们这个时代的文化特征？这个问题值得思考。因此，对管理学者来说，当务之急是传承中华优秀传统文化，在学术研究中体现本土文化元素。在这方面，有些拥有非遗文化的主体在管理实践中就做得很好。比如，我在湖北大冶调研企业时发现，当地的企业会把非遗文化的技术编写成教材，作为当地小学兴趣课，从娃娃抓起，令人欣慰。

五、东西方文化思维差异的根本原因

追根溯源，东西方研究或文化思维的差异，源于东西方国家所处的

"天地"不同。俗话说：一方水土养一方人。大家都知道地球围着太阳转，月亮围着地球转，东西半球的白天黑夜交替出现，周而复始。最为极端的是地球两面背对背的时区，一个是白天的时候另一个是黑夜。再就是地理位置，除了东西半球，还有南北半球的影响，有极寒温度的地方，也有极热或处于中间温度的地方。海岸、山地、岛屿、草原、沙漠等不同的地形地貌，对人们生活方式的影响极为深刻。为什么这么说呢？因为天地所形成的外部环境会影响人们的言行及选择，人们每天不断重复与外部环境碰撞，时间久了就会形成稳定的潜意识。也就是《晏子春秋》中所讲的"橘生淮南则为橘，生于淮北则为枳"。

以上谈了不少东西方研究或文化思维的差异及其产生的原因，但东西方学者应该有共同的目标，那就是科学研究的目的：认识世界。无论是东方学者还是西方学者，认识世界可以归纳为三个层次（见图1-2）。第一个是人们感官感知到的世界，这一点我认为差异不大，虽然东西方人在生理上多少有些差异，但对这个层面的认知不会产生太大的影响。第二个是人们借助仪器设备等工具认识到的世界，这一点取决于各个国家在不同科技方向的选择和经验积累，事实上，差异还是比较大的。第三个是人们借助仪器设备也无法感知、感受或认识到的世界，即"心、悟、道"，这对整个人类社会来说都是未知的。翻阅东西方经典，你会发现东西方先贤对第三个层面有着惊人的共识，或许可以称之为"本体世界"。如何认知呢？靠心去感悟，不可言传。这也正是《道德经》开篇所讲："道可道，非常道；名可名，非常名。"能讲出来或讲清楚的道，都不是永恒不变的"道"。其实就是有限和无限的区别，前两个层面是有限，最后一个层面才是无限。

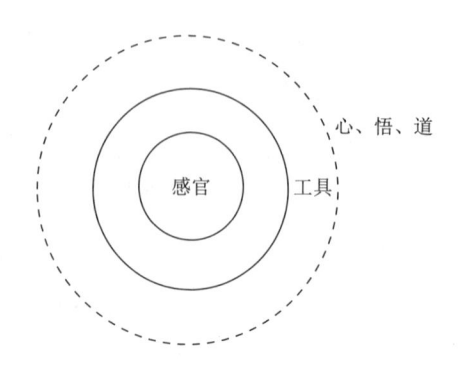

图 1-2 认识世界的三个层次

每个国家都有自己的历史路径和国情,这些又都是不同阶段的"天地人"组合发展而来的。科学研究发展到今天,大家的目的其实是一样的,只是认识世界的手段和途径不同而已。多年来,中国文化之所以未曾中断,国家和民间的力量不可忽视,它们都发挥了重要的作用。从国家层面来看,每个朝代都会组织有学问的人编撰经史子集和文献典藏;从民间层面来看,总有一些有志之士在默默地坚守传统文化的传承。时至今日,管理学界学术研究的发展,或者说今天的学术论文,并不能与东西方古代先贤的作品相提并论。当下高校和学界所推崇的国际一流期刊发表的论文,有多少人阅读?传播的范围如何?能够满足人们哪个层次的需求?如果从大历史观的视域来看,《道德经》和《圣经》的流传时间最久,翻译传播的空间范围也最为广泛。为什么呢?因为它们能够解决人们的高层次需求,包括生命中的困惑和精神需求等,而科学技术没有办法做到这一点。试问古代先贤在撰写这两本书的时候,有很多书籍和分科之学的专业知识吗?他们是如何完成这样的作品的呢?这两本著作是学术论文吗?为何它们能够吸引并影响不同时代的人呢?与之相比,今天管理学界的学术论文倒像是在其荫蔽下挣扎生长的幼苗。

六、中华优秀传统文化的认识和学习

由于科技的发展，人们不再像古人那样生活在大自然中，而是居住在钢筋水泥的丛林里；不再像古人那样从自然中汲取智慧，而是围绕着人们创造出来的知识不断地学习。以至于今天的人们似乎总有看不完的书，总有学不完的技术，却忘记了研读经典和向自然学习。与古人相比，今天的知识总量远远多于他们那个时代，但人们的脑力似乎并没有比古人提升多少。在这种情况下，人们往往会在知识的海洋中迷失自己，却不知经历时间和实践双重检验的作品才是经典。今天的人们离自然越来越远，知识越来越多，智慧却越来越少。《道德经》中讲道："为学日益，为道日损"。中国先贤向自然学习，天人合德、天人呼应、天人合一，这是中国学者做学问的途径及希望达成的结果。中国文化博大精深，除了向自然学习之外，还应该抓住优秀传统文化的主要脉络深入学习。经过多年的传承和沉淀，儒释道三家无疑成为中国文化的根基和源泉。三家经典很多，如人们熟知的《道德经》《论语》《心经》《金刚经》等，在这些经典的指引下，中国历史上出现了不少思想家和学问家，如诸子百家、朱熹、程颢和程颐（二程）、王阳明，以及不少著名的高僧等，也逐渐形成了与西方主流文化不同的象数思维、整体思维、直觉思维和中和思维等。

管理学界的学术或者说学问，可视为对商道的研究，无论什么道，都应该遵循天道。2020年新冠疫情期间，我刚好为武汉一家餐饮公司提供咨询服务，当时一个门店进了30条活鱼，结果被一位顾客买走了8条，老板知道此事后，在微信群里严厉批评了这位卖鱼的员工。员工私下问我，公司不是以满足顾客需求为导向吗？他是这么做的啊，为什么还要责怪他呢？我回答：因为根据老板的理解，这位顾客的需求超出了合理的范围。刚好那几天我正在看王阳明的《传习录》，受其中内容的启发，总结出这样的结论：当人们的欲望超出合理范围后，将会与"天"形成对立的关系。后来，我把这些想法讲给公司的领导和那位员工听，得到了他们的认同。所以，我觉得被誉为"现代营销学之父"的菲利普·科特勒的《营销管理》一书应该做些修订，把以满足顾客需求为导向改为以满足顾客合理需求为导向。这一点在《文子·上仁》中早就写道："故先王之法……不涸泽而渔，不焚林而猎"。人可役物，不可为物所役。由此可见，商道应该顺应天道。

作为管理学者，学习优秀传统文化是基本的功课，但该如何学习？这是一个棘手的问题。在网上，我见有人写过国学之殇，认为想成为国学大师太难了，因为学习国学需要掌握训诂、考据和注疏等步骤，这是一个非常庞大而又复杂并且精细的工作。尽管如此，我认为通过自己感悟或者与志同道合的人深入交流，依然可以提升自己在传统文化领域的认知思维和境界，助力管理学领域的学术研究。有人说科学领域没有永恒的真理，这句话有一定的道理。因为科学的结论，尤其是管理学界的学术研究结论，大多是时空的产物，也就是在一定的时空背景下成立，时空的变迁很有可能推翻之前的研究结论，这一点在过去发表的论文中已经有所体现。比如，二三十年前甚至是十年前发表的论文，以今天的市场环境来看，研究结论就已经不适用了。而智慧和思想不同，它们的影响力和生命力已经从有限跳到了无限，超越了时空的界限，这也是中华优秀传统文化能够传承几千年的重要原因。

中国文化背景下做学问，常常强调"悟"，如悟道、悟空等。感悟所得不能言传，只可意会，原因是语言是有局限性的，自古以来就有言不尽意的说法，像世尊拈花，迦叶微笑。既然如此，这就与西方的学术研究存在一定的区别，在学术研究的范式或结构中，无论是审稿人还是编辑，都会让你讲清楚每个概念的意思、每个逻辑的推导、每个实验设计的步骤等。因此，有人说西方文化是黑白思维，而中国文化是阴阳思维。我也曾问过一些在西方国家长期生活和工作的华人学者，东西方文化之间最大的区别在哪里？他们竟不约而同地回答，中国文化不是非黑即白。那么，如何去悟呢？有人说要用心去思考。为此，我想了很久，却不知道心在哪儿。当然，这里所说的"心"不是指心脏。后来，我曾向一位高人请教，他回答：心无处不在。我觉得这个回答简洁准确。我们的心可能在某个人身上，或一件事情上，或一个不确定的结果上，等等。如果我们能把心放回肚子里，就会减少很多烦恼。

也有人讲做学问就是做人。年轻的时候，不是很明白这句话，随着年龄的增长，以及对中华优秀传统文化的深入了解，发现做学问真的就是做人，这里的"人"类似于营销学科中提到的"产品"。如果一个人把自己当作产品，从内在不断地改进、完善，提升自身的修养和境界，那么他将会变成人们眼中的"圣人"或者"艺术品"。在中国文化经典中，特别强调做人，而且讲了大量的与做人相关的道理。实际上，每个人生下来就本自具足，这一点佛家中有讲到；道家也认为人应该保持本性，顺应自然。只是"性相近，习相远"，很多人被世俗名利蒙蔽了心智，所以要不断地三省吾身，修正自己。就像《大学》中讲到的"三纲八目"。"三纲"指明明德、亲民和止于至善，"八目"指格物、致知、诚意、正心、修身、齐家、治国、平天下。"八目"的前四个属于"内修"部分，后三个属于"外治"部分，而修身则是连接"内修"和"外治"的纽带，也是大学之道的根本。三纲八目整体来说就是修己安人，内圣外王。但问题是什么是做人？该做一个什么样的人？我在不同年级、不同专业的课堂上问过学生，对第一个问题，他们中大多数人理解的是与他人和睦相处；对第二个问题，有不少人感到迷茫困惑，不知如何回答。后来，我发现真的有学者对此展开研究，写了题为《中国人

13

"做人"的概念分析》一文，作者是北京大学的彭泗清老师。他不仅阐述了"做人"的概念，还对比了西方式、中国式和印度式做人的根本精神、终极追求和主要方式等。

七、建构本土理论框架的难点分析

类似本土理论框架的研究在社会学和社会心理学领域有很多，这些研究并没有或者很少有实证的内容，但也把问题讲清楚了，解决了生命中很多的困惑，而且读起来通俗易懂，符合中国人的口味。当下在管理学界，研究中国情境的学者和发表的成果越来越多，但真正结合中国本土文化展开研究并发表的成果依然相对较少，在营销领域就更少了。这有两个方面的原因。一方面是中国文化博大精深，如何找到切入点，与当下的学术研究相结合，也就是如何按照当下学术研究的范式去做研究并发表，仍然需要探索；另一方面是审稿人和编辑如果对中国文化了解不深，或者缺少鉴别能力，在审稿的过程中有可能拒稿，如此一来，论文就很难发表。

关于第一个方面的问题，我想结合自己这几年的探索详细展开讲讲。在香港城市大学周南老师（已退休）的指导下，我和几位同行结合中国文化元素发表了几篇论文。若想找到中国文化与学术研究的结合点，首先要寻找合适的研究问题和研究情境，在这种情境下，为了回答研究问题，再去寻找中国文化的元素。哪些是中国文化中的元素呢？我认为像做人、做事、摆架子、舍得、忍等，这些词汇都可以作为研究的切入点。在传统文化中，这些概念实际上是没有准确具体定义的，虽然咱们国人耳熟能详，信手拈来，但要从学术的视角把它们讲清楚，还真是不容易，尤其要结合中国管理情境。这些概念的研究难度在于，它们不像西方成熟的变量有丰富的文献做支撑，而这些本土文化元素是没有学术论文做支撑的，即便有也是出自社会学等其他学科，不一定适合管理学研究的情境，更没有测量量表。

如何界定及测量中国文化元素概念？这就需要靠自己去"悟"，自己与自己较劲，反复问自己，或者与相关的人交流碰撞，当然拥有一定的传统文化基础也是必需的。作为一名没有知名度和影响力的学者，我经常问自己：我可以下定义吗？后来想想，无论是东方还是西方，每个概念总得有人下定义。再说武无第二，文无第一。有辩论，有争议，也是好事。于是，我和几位志同道合的同行，结合情理法、天地人、摆架子、舍得等本土文化元素发表了几篇论文，有定量的，也有定性的。在做研究的过程中，我经常会被同行批评，他们提出很多挑剔的问题，也正是这些问题鞭策着我不断地改进完善，加深了对传统文化的学习和了解。这样的研究与其他研究有很大的不同：其他研究使用的是西方理论做支撑，而我们使用的是自己扎根本土文化建构的理论框架做支撑。我们使用思想性的语言表达建构理论框架，常被审稿人或编辑理解为非学术语言，也因此被拒稿或者需要大量的删减、修改文字。最终我们发表了几篇"不东不西"的学术论文，这样的研究不是查漏补缺，而是平地起高楼。

八、本土理论贡献世界的期许

尽管前文讲了东西方研究或文化思维存在诸多差异，但它们依然是一个整体。在时空的维度上，或者西学东渐，或者东学西渐；在研究者的层面，你中有我，我中有你，相互排斥又相互融合。东西方研究有着共同的目标：拓展知识或思想的边界，解决管理实践问题，最终贡献世界。如果从理论/实践和东方/西方相结合的四个象限来看，可划分为四种类型：西方理论指导西方实践，东方理论指导东方实践，西方理论指导东方实践，东方理论指导西方实践。前两种类型是特色，贡献本土；后两种类型是普遍，贡献世界。在西方理论指导东方实践的过程中，已经遇到了不少问题。比如，西方管理理论中泰勒的科学管理有着重要的影响，而科学管理起源于铲煤工人的实验，该实验的本质是研究侧重"做事"的岗位，建立"做事"的标准。如果中国企业不问青红皂白，就将"做事"的逻辑简单套用到侧重"做人"的岗位上，并建立考核"做人"的标准，结果可想而知。因此，中国学者迫切需要构建本土理论框架来指导中国管理实践，同时需要集中攻克的是在西方语境下如何讲述中国故事，也就是中国理论如何贡献世界的问题。具体到论文写作上，我们经历了外为中用，目前需要做的是古为今用，希望将来能够中外合璧、中为外用。事物的发展总是呈现周期性和两面性，《道德经》写道："反者，道之动。弱者，道之用。天下万物生于有，有生于无。"

因此，当今世界正经历百年未有之大变局，也是弘扬中华优秀传统文化的机遇期。中国管理学者应着力研究"大问题"，这一点我和李祖兰在《清华管理评论》（2022年第10期）发表的《管理创新：扎根本土文化，"大"处着手助推民族复兴》一文中有写到，"大问题"包括三个方面：解决人类社会的大需求，做出合乎自然的大决策，实现超越时空的大传承，进而为构建人类命运共同体做出贡献。尽管东西方文化思维存在差异，但它们共同构成了人类文明，各有所长，各有千秋，彼此不应俯视，也不必仰视，而应该平视。但是，在做学术的过程中，在学习西方学术范式的过程中，不应忘记先贤给我们留下的做学问的步骤和方法，否则一味地追求模仿他人，将自己的灯笼挂在别人的圣诞树上，有可能会成为非我，而不是自我。因此，中国学者应坚持走自己的路，做自己，如此才能不枉先贤给我们留下的宝贵文化遗产。

《道德经》第四十八章讲道："为学日益，为道日损，损之又损，以至于无为"。为学是求外在的世俗经验知识，经验知识越累积越增多。为道是屏除偏执妄见，开阔心胸视野以把握事物的本根，提升主体的精神境界。求学的人，其情欲一天比一天增加；求道的人，其情欲则一天比一天减少，减少又减少，最后以至于到达"无为"的境地。如果能够做到无为，即不妄为，任何事情都可以有所作为。

第二讲
企业家前台化行为评价标准：情理法还是法理情

本讲主要研究企业前台化负面行为给品牌带来的危机。俗话说：常在河边走，哪能不湿鞋。作为具有社会影响力的企业所有者和经营者，企业家的一言一行都会对品牌形象产生深刻的影响，在网络媒体环境下，还有可能被无限放大。对企业家前台化行为的评价标准，究竟是按照情理法还是法理情的排序呢？情理法的思维是如何形成的呢？与企业家违法行为相比，当企业家出现违情行为时，消费者会对企业家形象给予更差的评价。当企业家与企业品牌关联度较高时，企业家形象评价对企业品牌形象评价的正向影响会显著提高；当企业家与企业品牌关联度较低时，企业家形象评价对企业品牌形象评价的正向影响则不那么显著。企业家做品牌等同于做人和做事，那究竟该如何做人和做事呢？且看本讲内容。

一、企业家前台化负面行为事件描述

本讲所提到的企业家主要指企业的所有者和经营者，因为创始人的价值观和精神是企业品牌的基因所在，所以企业家与其所创立的企业品牌之间存在着必然的联系。前台化行为包括前台行为和后台行为前台化。前台行为主要指企业家在各类媒体平台主动将自己的言行展示给公众；后台行为前台化主要指企业家后台的言行被媒体或其他主体曝光于公众面前。与企业相比，企业家是个更加具体的主体，他们代表着整个组织，作为社会影响者，他们的言行对消费者有着深刻的影响。而且他们还是企业品牌形象的重要构成要素，能够在消费者大脑中形成有利的认知偏好和独特联想。根据《尚书大传》中"爱人者兼其屋上之乌"的逻辑，如果消费者对企业家有好感，他们也会对该企业的产品和服务有好感。所以，不少企业家把先做人、后做事作为处世哲学，从幕后走向台前，塑造良好的公众形象，以此获得更好的销售业绩和企业效益。

然而，人非圣贤，孰能无过？当企业家出现负面行为时，对企业的品牌形象会产生怎样的影响呢？尤其是随着网络科技的发展，自媒体的力量会将企业家的负面言行无限放大，进而给企业品牌带来灾难性的影响。比如，有的企业家在灾难性事件发生时提倡少捐款，结果遭到网友的口诛笔伐，导致企业的股价和品牌价值严重下滑；有的企业家被查出多项经济犯罪行为，但并没有对自己企业的股价和品牌价值造成严重的影响。

同样是企业家负面行为，为何有的企业家仅仅因为一两句话，就给自己的企业品牌带来了灾难性危机，而有的企业家被查出多项经济犯罪行为，对企业品牌的负面影响却相对较小呢？在中国市场上，消费者是按照什么标准来衡量企业家前台化行为并对其做出评价的呢？企业家前台化负面行为对品牌形象的影响过程和机制是什么呢？为此，本讲立足于中国文化，借助传统智慧的思考和启示回答这些问题，一方面可以丰富企业家行为对企业品牌形象及资产影响方面的理论文献，另一方面可以为企业家前台化行为的展示提供参考和指导意见。

二、企业家前台化负面行为的分类

第一，分析企业家前台化行为的动机。最普通意义上的企业家，通常被看作企业的缔造者、创业者。本讲中我把企业的所有者和经营者都定义为企业家，具体主要指企业的董事长、总经理、首席执行官（CEO）、总裁等职位上的人。原因是他们的一举一动、一言一行都会影响企业的品牌形象，传播企业的信息及价值。华中科技大学的田志龙老师及其团队，曾经以海尔集团、新希望集团和宝洁公司为例，在它们各自的网站上分别收集了其企业高管的新闻报道标题，将企业家行为划分为两类：市场行为和非市场行为。市场行为更多体现的是做事，主要指品牌经营管理方面的战略和战术决策行为，包括制订战略规划、结成战略联盟、新产品推广、市场调研等。非市场行为更多体现的是做人，侧重于相关利益者关系的构建与维护，可提高品牌的知名度和美誉度。非市场行为主要指品牌构建、维护与利益相关者（如政府、社会公众、媒体等）关系的行为，包括支持体育赛事、文化艺术事业、慈善捐助，参加政府、媒体等组织的活动等。

经过团队成员的思辨讨论，我们总结了越来越多的企业家频繁出现于公众面前和媒体之上的动机，主要有两个方面。一是从企业利益层面考虑，企业家的正面行为能够吸引市场投资者的注意，提高公司的利润和股票的收益；能够吸引消费者的注意，帮助他们做出购买决定；能够通过与众多异地员工的交流塑造独特的企业文化；等等。二是从企业家个人利益层面考虑，企业家的正面行为能够给其带来内在的报酬（如认同和赞扬）和更高的经济效益等。鉴于此，企业家的工作范围变得越来越广，同时也越来越复杂。很多企业家作为企业的首席发言人，代表着他们企业的人格化特征，频繁地出现在公众面前。有些企业家甚至积极参与到企业的产品或服务广告中。例如，格力电器的董事长董明珠女士和小米科技的创始人雷军先生，他们致力于通过正面行为塑造良好的公众形象。然而，并非所有的企业家都能如愿，企业家前台化负面行为的报道依然层出不穷。在这些报道中，消费者是如何对企业家前台化负面行为进行分类的呢？

第二，界定违情和违法的分类。中国人的"情理法"实际上就是"儒道释"三家的主题，因为儒家主要探讨人与人之间的关系，道家主要探讨人与自然之间的关系，而佛家主要探讨人的身与心之间的关系。天理指自然法则，《庄子·天运》中写道："夫至乐者，先应之以人事，顺之以天理，行之以五德，应之以自然，然后调理四时，太和万物"。国法出自天命和天意，《周礼·秋官·朝士》中写道："凡民同货财者，令以国法行之"。《尚书·皋陶谟》中写道："天叙有典，敕我五典五惇哉……天命有德，五服五章哉！天讨有罪，五刑五用哉"。人情是人与情的结合，也是人们之间联系的本能感觉，组成人世社会，也叫世情。《史记·太史公自序》中写道："人情之所感，远俗则怀"。

在中国社会中，当人们谈到行为的合理性、正当性的时候，通常是按照"情理法"的顺序标准去评价。但是当人们谈到行为是错误的，违背情理，或者犯罪应承担责任的时候，就会按照天理不容、人情不容、国法不容的顺序评价。情理法三者的关系如何？有一年，我和几个朋友去努尔哈赤的老家参观，见到院子进门的照壁上写着"天理、国法、人情"，而在现实中，法学界经常会讨论情大于法或法大于情的问题。理之所以排在最前面，是因为理有三层含义：第一层指天理或天道，是人与社会应该共同遵循的一些规律，包含人情和法律；第二层指公理，可以理解为社会共同的行为规范，如习惯、传统、共同规则等，在这一层次上与人情的意义基本上是相同的；第三层指公共道德或公共利益。由此可见，情和法均出自理，情中有理，法中也有理，违情、违法其实也就是违理，如图2-1所示。结合本讲的研究需要，我们将企业家前台化负面行为划分为违情行为和违法行为。

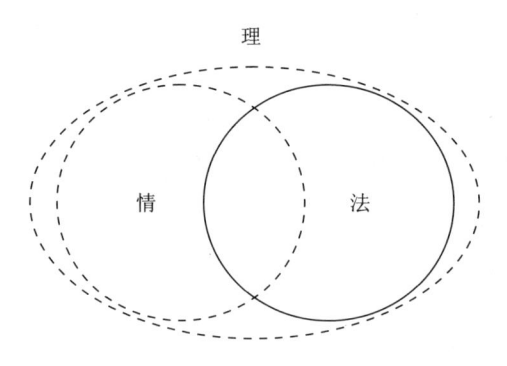

图 2-1 情理法的关系

违情行为主要指企业家的行为与消费者内心的价值观准则相冲突，违背了消费者内心的情理准则。违情的企业家在消费者眼里是"恶人"。违法行为主要指企业家的行为违反了国家现行法律规定，从而给企业或消费者造成某种危害的有过错的行为，违背了法理准则。违法的企业家在消费者眼里是"罪人"。但是情理和法理并非完全对立，而是相互融合的。这一点从法律的制定过程中可以看出。例如，《论语·子路》中写道："父为子隐，子为父隐，直在其中矣。"《论语·颜渊》中写道："片言可以折狱者，其由也与？"孔子认为法律公正蕴含在人情之中，行事符合人情，才是最大的公正。明朝刘惟谦等在《进大明律表》中写道："殿下圣虑渊深，上稽天理，下揆人情，成此百代之准绳。"清乾隆皇帝为御制《大清律例》作的"序"中写道:"朕简命大臣,取律文及递年奏定成例……揆诸天理,准诸人情,一本于至公,而归于至当。"由此可见,法律是依据天理和人情来制定的,违法的同时也可能会违情,两者的界限难以清晰地划分,只能讲侧重。

三、企业家行为与企业品牌形象的关系

在企业品牌形象塑造的过程中,企业家起着举足轻重的作用。从企业内部来看,企业家通过语言、行为、价值观塑造企业家精神,并注入企业文化,进一步塑造品牌的个性,使组织具备鲜明的人格化特征。他们通过职位权力,去影响员工对管理和绩效的感知、态度和信任。此时,企业家就是一个内部的管理者或领导者,其管理或领导风格有交易型、变革型、家长式等。从企业外部来看,企业家把自己看作企业的首席代言人,赋予企业人格化的特征,这些特征对其产品和服务的消费者,以及市场的投资者和公司声誉有着重要的影响。同时,企业家的角色还是一个社会影响者,良好的企业家形象会提升企业品牌形象,降低企业的成本,产生溢价的效应,且良好的企业品牌形象会驱动企业品牌资产的提升。可见,企业家形象已成为企业品牌形象的一部分,在信息不完备的情况下,外界主体对企业家的认识和了解可以替代产品或公司质量的信息。越来越多的公司意识到这点,并开始尝试在各类自媒体面前塑造良好的企业家形象,也就是所谓的"人设"。大量的企业不惜花费重金,提高企业家在媒体的曝光率和企业家的声誉,努力将企业家塑造成名人和媒介明星。

面对这种趋势,也有不少人提出批评意见,过于集中宣传企业家形象,对企业家和企业来讲都是危险的。首先,企业家的自身个性和风格塑造了企业的整体气质,企业家的声音映射出整个企业的外在形象,他

们的一言一行都牵动着外界对企业声誉和形象的评价。借用先贤的智慧表达：木秀于林，风必摧之。其次，媒体倾向于聚焦组织高层领导者个体本身，结果是大企业和组织常常被它们的领导个体替代。最后，与正面信息相比，人们更倾向于关注负面信息，且同等情况下，负面信息对人们的影响更大。改革开放以来，不少企业家曾树立了令人尊敬和崇拜的形象，是企业的功臣；然而，在出现负面行为之后，这些企业家原有的形象瞬间崩溃，伴随而来的是消费者对其企业品牌的抵制，导致他们几乎成了企业的罪人。由此可见，企业家行为对企业的品牌形象和品牌资产有着重要的双重（正面、负面）影响。正如《史记·淮阴侯列传》中引申出的"成也萧何，败也萧何"这一成语。

四、做品牌等同于做人和做事

做人和做事是一种口号思维，从若干独特经验中总结出来，以朗朗上口的言语形式流传，被人们广泛熟悉之后，想当然地将它们泛化为一种普遍性的思考理据，作为判断事物的基础准则。在中国文化背景下，人们普遍认为应该先做人后做事，而事实上在做品牌的过程中做人和做事不分先后，只是两种不同的路径方式而已。

做事主要是指企业家通过对企业内部经营管理的战略战术、决策行为来做品牌，包括总体战略规划、部门间的分工协调、塑造企业文化、产品研发等，对外弱化甚至是刻意回避企业家与企业品牌间的关联度。做人主要是指企业家构建、维护与利益相关者（如政府、社会公众、媒体等）关系的行为，包括支持体育赛事、文化艺术事业，参与慈善捐助，参加政府、媒体等组织的活动等，对外强调企业家与企业品牌间的关联度。

路径一：企业家通过做事来做品牌。就做事而言，企业家需要在各职能部门的合理化分工协作过程中担当总工程师的角色，履行相应的职责，因为品牌的构建需要各职能部门工作的支撑。例如，原材料采购和生产环节会影响到产品的质量；财务资源的分配和控制会影响到品牌宣传的投入成本；人事的招聘选拔会影响到与品牌相关的决策；等等。具体来说，就是要培养员工的品牌构建行为，这就需要将企业家心路历程中的体验和感悟提炼为企业家精神注入企业文化中，营造品牌成长的良好"家庭"氛围，统一全体员工构建品牌的理念，培养员工尤其是一线员工成为"品牌大使""品牌传播者""品牌发动机"。在品牌构建的过程中，虽然企业家是品牌塑造的源头，但企业家对品牌并不起直接的影响作用，这样有意弱化企业家与企业品牌间的关联度，加强全体员工对品牌构建的驱动作用。

路径二：企业家通过做人来做品牌。就做人而言，企业家在经营企业的过程中，需要不断与企业利益相关主体进行互动，尤其是在中国市场环境下。而这些互动并不都是与企业绩效直接相关，其中有很大的比例是间接相关。这属于横向的做人，主要目的就是给自己的企业营造良好的环境，将自己和企业置身于一个和谐的环境中，有利于企业的发展。当然也有纵向的做人，就是企业家要不断地修心、修行和修身，在公众面前树立自己良好的形象，而这种形象的树立并非人前一套、人后一套的表里不一，而是心里想的、嘴上说的和行为上做的要一致。也就是《孟子》讲到的："诚者天之道也，思诚者人之道也"。《中庸》讲到的："唯天下至诚，为能尽其性；能尽其性，则能尽人之性"。

然而，做人和做事并非对立，而是统一于做品牌的过程中，如图 2-2 所示。对于企业家来说，通过做事来做品牌是"本"，可取得长期的效果；而通过做人来做品牌是"标"，只可收到短期的效果。企业家做事是为了练好做品牌的内功，以获得持续经营的现金流，是"逐利"的过程；企业家做人是为了获得外界主体的青睐和认可，营造良好的品牌成长外部环境，是"留名"的过程。尽管企业家明白做品牌就是做人和做事，但大多数人却不理解衡量做人和做事的标准、做品牌的标准，以及究竟该怎么通过做人和做事来做品牌。

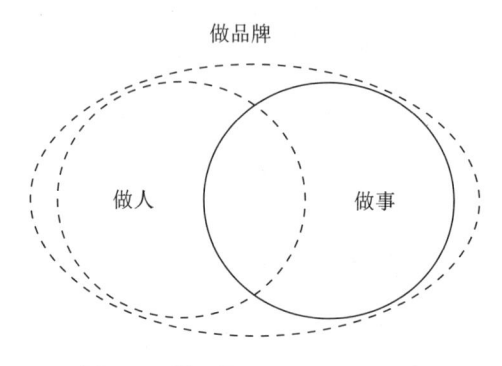

图 2-2　做品牌等同于做人和做事

五、做人做事的评价标准：情理法

（一）违背情理是做人出了问题，被视为"恶人"

随着时间的流逝，诸子百家的思想不断融合，情理法最终成为众生衡量做人做事与做品牌的标准。其中做人的行为更多是以"情"为主来衡量，如果做人出了问题，违背了情理，那么在公众眼里就是"恶人"。而做事的行为更多的是以"法"为主来衡量，如果做事出了问题，违背了法理，那么在公众眼里就是"罪人"。比较而言，中国文化背景下，恶人会比罪人受到更多的道德谴责。

通常情况下，在企业发展壮大之后，有些企业家不甘幕后做事的寂寞，纷纷走向台前分享事业上的成就和自豪。从企业层面来看，企业家此举可提升企业品牌的形象；从个人层面来看，企业家此举可扬名立万，名垂青史。然而，有一部分企业家面对鲜花、掌声和镁光灯的时候，他们的思维空间会受到限制，而且外界主体很难真实地理解企业家走向台前的决策过程和动机。因此，此时企业家走向台前是非常危险的。例如，在灾难性事件发生时，有些企业家提倡自己的企业和员工少捐款。在这种情况下，表面上看是企业家在不恰当的时间讲了不恰当的话，实际上是企业家伤害了外界主体的感情，被公众视为"恶人"，给企业品牌带来了巨大的负面影响。

（二）违背法理是做事出了问题，被视为"罪人"

企业家通过做事练好内功来做品牌是逐利的过程，而在这一过程中，企业家如果无法驾驭资本的逐利性是非常危险的。马克思在《资本论》中引用了一段话：一旦有适当的利润，资本就胆大起来。如果有10%的利润，它就保证到处被使用；有20%的利润，它就活跃起来；有50%的利润，它就铤而走险；为了100%的利润，它就敢践踏一切人间法律；有300%的利润，它就敢犯任何罪行，甚至冒绞首的危险。例如，有的企业家被查出多项经济犯罪行为。不论他们是为了企业的利益还是个人的私利，可以确定的是：他们做事都出了问题，触犯了法律，违背了法理，被视为"罪人"，但并未对企业品牌造成巨大的负面影响。

《论语》中写道："唯仁者能好人，能恶人"。只有讲仁爱的人，才能够正确地喜爱某人、厌恶某人。不仁之人多是心存私欲，并受此蒙蔽，他们眼中的善恶并非是真正的善恶。只有心怀仁德之人，才会不受私欲的影响，明辨是非善恶。也就是说，只有做到了"仁"，才能公平公正地对他人做出评价，分辨善与恶。公正评价他人意义重大，有利于辨善恶，识美丑，弘扬正义和大道。根据爱屋及乌的道理，消费者对企业家存在推爱、推憎或移情、旁及的心理现象。在企业家与企业品牌高关联（做人）时，消费者对企业家形象的评价越高，对企业品牌形象的评价也就越高，从而愿意购买该企业的产品。可一旦企业家出现负面行为，对于企业家和企业品牌高（低）关联的情况来说，消费者会认为是企业做人（事）出了问题。《资治通鉴》中写道："才者，德之资也；德者，才之帅也"。耳聪目明、坚强刚毅称为才；品行正直、公道平和叫作德。德是基础，才是条件；德是核心，才是关键。衡量做人的标准更重"德"，衡量做事的标准更看"才"，因本土文化受儒家尚德轻才的思想影响较大，所以消费者更看重"德"。结果，消费者更容易将对企业家前台化负面行为所产生的负面情感推移至企业品牌，并且对企业品牌形象的负面评价程度更高；若企业家与品牌关联度低，则这种情感迁移更难发生，负面评价程度也相对较低。

六、违法和违情的比较结果

（一）违法和违情

与违法行为相比，当企业家出现违情行为时，消费者对企业家形象的评价会更差。因为在中国本土文化中，"合情、合理、合法"才是衡量人们行为的准绳，尽管今天的社会已经发生极大的变化，但是重情理、轻法理的思想在国人的头脑中依然根深蒂固。对于消费者来说，本土企业家和本土企业遵守当下显性具体的法律法规，只是维护企业家和本土企业品牌形象的基础，而真正能够提升企业家和企业品牌形象的，是企业家和企业品牌的行为要符合隐性抽象的情理法则。

虽说情理法则是抽象的，是模糊的，但它在消费者对企业家和企业品牌行为评价中的作用是不可忽视的。对于企业而言，一定要深刻理解中国本土文化，进一步把握消费者内心的价值观准则。对于国家来说，要加强国人的法律意识和观念，"法"与"德"并重，相辅相成。

当企业家出现违法行为时，不论违法行为事件的严重程度是高还是低，消费者对企业家形象的评价并没有明显的差异。原因可能有三个：一是只要企业家违法，那么他（她）就是罪人，而有罪就是唯一的评价；二是企业家违法后由法律制裁，给予惩罚，在此过程中，消费者并未有任何损失；三是对违法行为的归因，更多地在于外部环境因素，而不是企业家个人。

（二）做人和做事

和企业家与企业品牌低关联（做事）的情况相比，在企业家与企业品牌高关联（做人）的情况下，当企业家出现前台化负面行为时，企业家形象对企业品牌形象的影响会明显提高。这说明在企业品牌形象的塑造过程中，企业做人出了问题比做事出了问题更严重，品德出了问题比能力出了问题更严重，再次印证了中国本土文化中对人不对事和尚德轻才的社会文化现象。同时，这种现象也提醒中国的企业家，要崇德守法，不要只看到企业家与企业品牌高关联时，其行为对企业品牌形象的正面影响，更应该看到其行为也可能会对企业品牌产生负面影响。当企业家与企业品牌高关联时，消费者很容易将企业家等同于其所代表的企业品牌，用做人的标准来评价品牌，一旦企业家出现负面言行，就会对企业品牌产生难以预料的负面影响。因此，在大多数情况下，企业家还是需要像老子在《道德经》中提倡的那样："孰能有余以奉天下？唯有道者。是以圣人为而不恃，功成而不处，其不欲见贤。"为了降低风险，企业家不宜过度宣扬其个人与企业品牌的关联。

七、社会生活方式与情理法的排序

为何国人会按照情理法的排序对企业家的前台化行为进行评价呢？情理法排序的思维是如何形成的呢？我们认为这与中国社会几千年来的

农耕生活方式密切相关。农耕生活背景下,农民的收入来源主要依靠土地,收成的好坏取决于"天",他们对"天"的敬畏是非常深刻的。不像现在,天冷了,开空调,天热了,还是开空调,"天"在人们潜意识中主导生活和生产的作用有所下降。

另外,土地是不能流动的,而且以前的交通也不像现在这么发达,依靠土地生活的农民世世代代基本上都会在一个村子里生活,正因为如此,以村子为基本单位的农民才能形成长期稳定的关系。在这种情况下,农民之间的互动均是长期关系导向,他们如果出现纠纷或做出不好的行为,整个村子里的人很快就会知道,不仅会让自己的声誉扫地,还有可能让整个家族蒙羞。所以,负面行为出现的可能性就会变得相对较低。

农民之间即便出现或者存在一些摩擦,这些摩擦也会由德高望重的人来调节解决,很少用到法律方面的程序。农村的生活和生产大多是靠非正式制度,像人情、面子来运行的,更多是用口传而非文字载体进行传播。这一点费孝通先生在《乡土中国》一书中写道,农村人串门时,院子里的人问谁啊?门外的回答"我"或"是我",这种听音识人的能力大概也只有在农村才能做得到。由此可见,"天"、人情、面子和口传等在农民或农耕生活方式中起到长期主导的作用,而法律的介入并不常见。因此,我们认为这些是形成情理法排序思维的根本原因。

然而,与农耕生活相比,今天的工业社会或信息社会有着极大的不同。原来以农村为基本单位的社会,变成了以社区为基本单位,在农村生活的人越来越少,而越来越多的人在一线城市、省会或市(县)中买房居住。这样一来,社区居住的人们之间就不再像农村那样,有着长期的感情和关系积累,人与人之间的关系也不再是长期导向了。社区的人们已经不再像农民那样靠"天"吃饭,而是依靠工作作为主要收入来源；人们之间也不存在各种家族或亲戚关系，大家除了工作之外，相对较少在一起互动，人情、面子和听音识人也就不存在了。如果出现纠纷、机会主义或不好的行为，人们就会向物业或业主委员会等组织寻求解决。由此可见，如今工作、收入、人与人间的互动等均需要法律作为保障，大家遵纪守法的意识越来越强。因此，农业社会生活方式形成了情理法排序思维，而工业社会或信息社会生活方式形成了法理情排序思维，如图2-3所示。中国当下是三元社会结构：城市、城镇、农村，虽然人们的生活方式在发生变迁，但在城市、城镇和农村的三元结构中，我们认为情理法向法理情的排序转变存在差异，大城市转变的程度最大，城镇其次，农村依然以情理法思维为主。

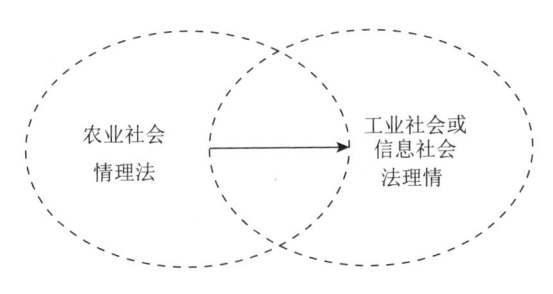

图2-3 情理法的变迁

八、企业家该如何做人、做事、做品牌

企业家做人和做事出问题的例子不胜枚举，不仅过去有，今天也有，将来可能还会发生。也就是说，企业家做人、做事、做品牌是一个历史性的问题，直到今天，不少企业家依然为此困惑。

（一）企业家的出身

在谈到这个问题时，首先从中国传统文化中的商人形象谈起，那就是在人们的大脑中，古有士农工商的排序，无商不奸的思想依然存在。

部分消费者认为商人（企业）狡猾卑鄙、重利轻义、道德水平成问题，这种思想各类典藏文献均有记载。例如，《左传·昭公十二、十三年》中写道："同恶相求，如市贾焉。"商人的负面刻板形象在历史上的烙印太深。尽管改革开放之后，企业家的形象有了较大程度的正面改善，但"无商不奸"的思想就像尘封的记忆一样，一旦被唤醒，人们依然会认为江山易改，而奸商的本性难移。

做企业有生意人、商人和企业家之分。生意人是完全的利益驱动者，为了钱什么都可以做；商人重利轻离别，但有所为，有所不为；而企业家是带着使命感要完成某种社会价值的。但对于公众来说，生意人、商人和企业家并非完全独立，他们的角色是相互重叠的。当你做好事承担社会责任时，公众会认为你是企业家；而当你出现负面行为时，公众会认为你是奸商。所以企业家要想通过做人和做事来做品牌，建议对中国文化的情理法有深入的了解和掌握。除了法律之外，更重要的是要洞悉随时间的流逝而内化了的社会规范和准则。因为法律是看得见的，产生风险的概率和严重程度均相对较小；而社会规范是看不见的，所产生风险的概率和严重程度是无法预测和估计的。在企业家通过做人和做事来做品牌的过程中，当企业家出现负面行为时，法律之外的社会规范对企业品牌的影响有时会更大。

（二）低调做人，高调做事

我们认为低调做人，高调做事对企业家较为有利。低调做人是指减少公众行为的曝光，是为大隐；高调做事是指企业家在做品牌时，要结合做势、做市、做事三个层次水平来做，由员工执行，而企业家并不出现于公众视野。不论是低调做人还是高调做事，都强调要弱化企业家与企业品牌间的关联度。因为一旦在企业品牌上留下企业家的人格化特质，那么企业家曝光于前台时，其行为对企业品牌的影响过大，当然风险也大。企业家作为企业的舵手，决定着企业发展的方向。如果其做人、做事、做品牌的行为违背了情理法，那么企业就可能会遇到大风大浪或者是海底暗礁。相反，如果企业家做人、做事、做品牌的行为合情、合理、合法，那么企业可稳健成长，顺利航行。

（三）淡泊以明志，宁静以致远

除了情理法准则的运用之外，有些企业家之所以无法驾驭企业的大船，是因为无法抵御名利的诱惑。企业做品牌不仅是为了企业的名，也是为了企业的利，但对有些企业家来说，后来的行为慢慢就偏离了做品牌的初衷：不是为了企业的名和利，而是为了企业家个人的名和利。在这里，我们建议企业家不妨以"淡泊明志，宁静致远"为参照。淡泊明志是企业家淡泊对个人的名利追求，宁静致远是企业家专心于企业经营，专注于企业品牌的构建，追求企业品牌的名和利，获得更可持续的回报。

从道家思想来看，企业家做事的行为属阴，是幕后行为，通过内部的经营管理努力推动品牌的建设，对企业品牌的构建起到保驾护航的作用。企业家做人的行为属阳，是台前行为，通过赢得外界主体的青睐和认可拉动品牌形象的提升，对企业品牌的构建起到激励的作用。企业家通过做人和做事来做品牌，已经历了从幕后走向台前的阶段；因台前做人的行为会给企业品牌带来较大的风险，所以企业家将经历从台前重新回到幕后的阶段。《道德经》第十六章写道："致虚极，守静笃。万物并作，吾以观复。夫物芸芸，各复归其根。归根曰静，是谓复命，复命曰常，知常曰明，不知常，妄作凶。知常容，容乃公，公乃王，王乃天，天乃道，道乃久，没身不殆。"因此，企业家应摒弃自己的主观想法，认识客观大道并与之相合，"静"是与大道相合的一种状态，只有这样，企业才能持续发展，不会遭遇风险。

第三讲
全球市场产品召回:一视同仁还是区别对待

本讲主要研究全球不同国家市场产品召回的标准问题。与单一国家市场产品召回方式不同，全球多国市场不同产品召回存在一个公平的问题。什么是公平、公正和公道呢？当事人和旁观者，东西方文化背景下的消费者会如何看待不同的召回方式呢？与区别对待相比，一视同仁的产品召回方式会提高不同国家消费者对决策合理性的感知和品牌的评价。其中，公平感知起到中介作用。与参照国（召回）的消费者相比，目标国（不召回）的消费者对一视同仁和区别对待的两种召回方式，所产生的公平感知、决策合理性感知和品牌评价的差异更大。另外，与西方文化下的美国消费者相比，东方文化下的中国消费者对一视同仁和区别对待的两种召回方式，所产生的公平感知、决策合理性感知和品牌评价的差异也更大。

一、产品召回事件的描述

在中国国家市场监督管理总局缺陷产品管理中心的网站上，每隔一周左右的时间，就会发布一些产品召回事件的新闻，以汽车召回和消费品召回为主。其中，消费品的召回新闻中包括服装、玩具、食品、家电等多个行业，肇事品牌来自中国、欧盟、美国、日本和澳大利亚等不同国家及地区。那么，什么是产品召回呢？从学界的定义来看，产品召回是指企业对已经出售的，但出现了或可能出现质量缺陷的产品停止销售并实行公开回收，同时告诉消费者其危害，且对这些问题产品进行相应的处理，避免给消费者造成伤害的一种补救策略。

结合管理实践，我们发现面对全球不同国家市场，一些企业采取一视同仁的召回策略，也就是说，不同市场采取相同的标准。例如，有些汽车企业发生质量问题，在全球市场召回。而另外一些企业则采取区别对待的召回策略，即不同市场采取不同的标准。例如，有些汽车企业发生质量问题，在全球市场召回时，却声明 A 国市场除外。那么，为什么不同的企业会选择不同的产品召回策略呢？这两种决策背后深层次的逻辑基础是什么？它们与东西方文化思维有没有关系？不同国家的消费者又是如何看待这两种召回策略呢？对这些问题，以往学者有没有做过研究呢？根据我们的梳理发现，以往学者主要聚焦在单一国家消费者对单一国家市场上产品召回方式反应的讨论和分析，如主动召回、被动召回、强制召回等。然而，他们却较少从公平感知的视角，关注多个国家消费者对全球多国市场不同产品召回方式的比较研究。例如，是一视同仁还是区别对待？事实上，随着全球化趋势的不断加深，尤其是在互联网力量的推动下，世界正在逐渐"变平"，面对频发的产品召回事件，各国消费者会看到企业在全球不同国家市场的召回新闻，他们会进行比较，然后对肇事品牌做出评价和购买选择。因此，对这些问题的回答，不仅有利于企业决策者和社会公众厘清这两种决策的本质区别,还能从买卖双方的角度,帮助他们做出相应的选择。

二、产品召回的分类及前因后果

以往学者对产品召回的研究,主要体现在以下两个方面:一个是产品召回的分类,另一个是产品召回的前因后果。在梳理这两个方面的内容之前,我们还是先讲一下产品召回的定义。

产品召回是应对质量危机的一系列措施,也可以说,其是缺陷产品的管理办法。由此可见,产品存在缺陷是召回的前提和基础。对此,我国《产品质量法》规定:"本法所称缺陷,是指产品存在危及人身、他人财产安全的不合理的危险;产品有保障人体健康和人身、财产安全的国家标准、行业标准的,是指不符合该标准。"在此基础上,国内外学者采用不同的表达方式,对产品召回给予了界定,综合起来就是:在供产销的任何一个节点上,产品召回都有可能发生,企业在明确产品缺陷之后,在规定的时间范围内,按照一定的召回程序,根据缺陷的严重程度、缺陷产品的数量、分布等综合因素,来考虑究竟是采取修理、退换还是退赔的方式处理缺陷产品,消除对消费者造成的潜在伤害和损失。

(一)产品召回的分类

首先,根据政府等外部力量是否介入,产品召回可划分为:强制召回和自愿召回。强制召回是指在政府或行业协会等外部力量驱使下,被迫对缺陷产品进行召回;自愿召回是指企业通过内部监测意识到产品存在的潜在危险,较早自愿采取的召回措施。其次,根据肇事企业主动反应的程度,产品召回可划分为:主动召回和被动召回。主动召回是指企业积极承担责任,主动对缺陷产品进行召回或者免费更换新产品,并向消费者及其投资人道歉;被动召回是指在政府介入之后,或在利益相关者，尤其是消费者群体的强烈要求下，企业被迫对缺陷产品实施召回。最后，根据补救成本的大小，产品召回可划分为：全面补救和部分补救。全面补救是指对已购买缺陷产品的消费者，可全价退款或更换一个全新的产品；部分补救包括对缺陷产品免费维修、提供工具让消费者自主维修，或者提供未来一定期限内使用的购买折扣券等补偿方式。

（二）产品召回的前因后果

影响产品召回的因素可归纳为三个方面。第一，外部环境。政府监管、社会舆论和消费者群体是影响企业产品召回的主要因素。第二，企业自身。肇事企业会权衡召回产品所发生的成本与产品对消费者伤害的严重程度，以此来决定是采取全面彻底的补救，还是部分适度的补救。同时，肇事企业也会权衡眼前的召回成本与股票的长期走势之间的影响关系。第三，事件本身。产品质量危机事件越严重，肇事企业越应该采取积极的召回策略。另外，危机事件类型与反应的匹配程度越高，肇事企业的声誉和形象所受到的影响就越小。

（三）产品召回的影响结果

产品召回的影响结果可归纳为三个方面。第一，对企业的影响。从短期来看，产品召回不仅带来直接的召回成本，并且会带来间接成本，即对品牌形象和资产造成负面影响。但从长期来看，眼前的产品召回会降低产品未来伤害次数，对重塑品牌声誉和形象有着重要的作用。同时，主动召回能够减少潜在的诉讼风险，并且在已经实际发生的索赔中，避免或降低惩罚性的判决和赔偿。第二，对消费者的影响。主动召回会降低消费者对企业的负面认知和感知风险，提高忠诚度，减少产品缺陷对购买意愿的负面影响。也有研究表明，产品召回实际上是增强了消费者的感知风险和负面情绪。第三，对投资者的影响。产品召回引发投资者对企业成本增加的预期，影响其信心，进而引发其撤资或抛售股票的行为，最终造成股票收益和股东价值的损失。与消极召回相比，积极召回会给企业资产回报带来更加负面的影响，因为投资者会把召回行为看作一种严重的产品损害及资产损失的信号。

三、产品召回研究的评价分析

第一，对产品召回的分类，以往研究主要从外部力量是否介入、肇事企业主动反应的程度、补救成本的大小等视角进行划分，它们默认了单一国家市场召回的前提假设，而忽视了在现实的品牌全球化实践中，全球市场不同国家的产品召回普遍存在区别对待或一视同仁的不同做法。

第二，产品召回决策的前提假设大多遵循经济学的市场逻辑，而非遵循社会或自然的逻辑，如企业为什么会进行主动召回和被动召回、强制召回和自愿召回、全面补救和部分补救等。以往研究讨论最多的就是肇事企业要权衡产品对消费者的伤害程度和产品召回的总成本，或者是产品召回对公司股票市场短期和长期绩效的影响。这些决策动机的讨论侧重于对市场格局"事／利"的分析，而缺少对社会格局"人／义"和自然格局"天／道"的理解。

第三，在单一国家市场上研究消费者对产品召回的感知，大多探讨的是召回之后，消费者对产品质量的风险感知、对品牌信任和情感修复等心理机制，这些心理机制的感知对象较为单一，缺少消费者对全球市场不同国家产品召回双重标准的公平感知的比较。例如，产品召回国或不召回国的消费者分别如何看待不同产品召回标准？这就需要收集并比较多国市场数据，而非像以往大多数研究仅收集单个国家市场数据。

四、理论基础：公平、公正、公道的解析

为了深刻理解区别对待和一视同仁的产品召回方式，我们构建了公平、公正、公道的理论框架模型，详细阐述三者之间的区别，借此明确本讲模型中所涉及公平感知的内涵。根据文献梳理，国内外学者同时提及并讨论公平、公正和公道的学术研究非常少，较多是对公平和公正的区别和比较，而且这些分析基本上在哲学、伦理、政治、法律等领域。营销领域的文献主要围绕公平展开讨论，体现在两个方面：一方面是消费者对全球市场中产品定价的感知差异，另一方面是渠道管理中经销商对厂家策略的感知差异。较少有学者从公平、公正和公道三个层面，关注并解析全球市场不同国家消费者对产品召回双重标准的公平感知差异及其深层次原因。

《辞海》中"公平"指心平公正，不偏私。其中，"平"包括以下含义：无凹凸、一样高、均等、安定、一般的，等等。《管子·形势解》中提道："天公平而无私，故美恶莫不覆。地公平而无私，故大小莫不载。"《辞海》中"公正"指公平正义，没有偏私。其中，"正"包括以下含义：不偏斜，合于法则的，合于道理的，与歪、反、副相对。《荀子·正论》中写道："上公正，则下易直矣。"《辞海》中"公道"指公正的、大公无私的道理。其中，"道"指万事万物的运行轨道、轨迹和规律，道即自然。《管子·明法》中写道："是故官之失其治也，是主以誉为赏，以毁为罚也。然则喜赏恶罚之人，离公道而行私术矣。"由此可见，"公"是三个词汇的立足点和落脚点，均强调无私，公道大于公正和公平，如图 3-1 所示。其中，"平"侧重水平层面；"正"侧重垂直视角；"道"侧重自然、圆融、圆通，涵盖了公平与公正。

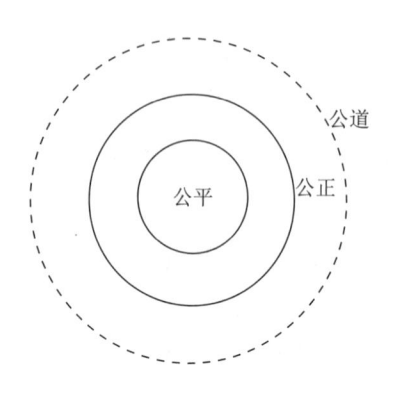

图 3-1　公平、公正、公道框架

本讲认为公平主要体现市场逻辑，以经济学理论为基础，讲究公平对等交易，关注"事"，聚焦"利"，体现市场效率（事）因"人"而异，内外有别。如此一来，相同条件下同等对待，或者不同条件下不同对待，均可视为公平。公正主要体现社会逻辑，以社会学理论为基础，讲究以人为本，关注"人"，聚焦"义"，体现人人平等，一视同仁。如此，不同条件下同等对待，按照市场逻辑，可视为不公平，但是，按照社会逻辑，它又是公平的。公平和公正实际上就是事和人、利和义之间的关系，无法分开。因此，公平和公正既有区别又有联系。公道主要体现自然逻辑，以《道德经》思想为基础，讲究道法自然，关注"天"，聚焦"道"，体现万物平等，"人"和"物"无差别。俗话说，公道自在人心，公道是无形的、"虚"的概念；而公平和公正都是"实"的概念。

结合本讲研究内容，由于对公平的理解因人而异，所以，在本讲中公平的内涵既可指市场逻辑下的对等交易，也可指社会逻辑下的以人为本，也就是公正中的那部分公平。另外，需要说明的是，结合产品召回，根据市场类型和应对方式两个维度，可划分为四种情境。第一种是相同市场采取相同的产品召回方式，第二种是相同市场采取不同的产品召回方式，这两类不属于本讲研究内容。第三种是不同市场采取不同的产品召回方式，即区别对待。第四种是不同市场采取相同的产品召回方式，即一视同仁。其中，一视同仁可分为两种情况：一种是不同市场均不召回，不属于本讲研究内容；另一种是不同市场全部召回，这正是前文所讲的社会逻辑下的公平，也就是以人为本、人人平等，不以利益差异而区别对待他人。

五、一视同仁为何比区别对待好

全球市场产品召回应对方式，究竟采取区别对待还是一视同仁，取决于决策者的思维逻辑。如果按照市场逻辑，决策者将侧重权衡产品召回的经济利益，从自身（企业）视角考虑，"利"字当头，倾向于选择区别对待；而如果按照社会逻辑，决策者将侧重权衡产品召回的社会影响，从他人（消费者）视角考虑，"义"字优先，倾向于选择一视同仁。

从消费者视角来看，肇事企业对全球市场不同国家的消费者进行区别对待，实际上是很不明智的做法。一方面，在互联网信息广泛传播的背景下，消费者对产品召回不同方式的比较变得轻而易举；另一方面，消费者尽管国别不同，他们依然会视同类群体为"自己人"，而把肇事企业当成"外人"。如此一来，面对区别对待这种"重利"的产品召回方式，就很容易引起消费者间的相互比较。而且长远来看，"自己"有可能变为"他人"，"他人"也有可能就是"自己"。所以，无论是向上比较、向下比较还是平行比较，其结果就是，有的消费者为自己鸣不平，有的消费者为他人鸣不平。

此外，从获得和付出的比较来看，消费者会认为肇事企业选择区别对待的召回方式，是侧重于考虑自身利益，不愿付出，只是"小舍"甚至"不舍"。最终这些理由都会让消费者产生不公平的感知,进而降低他们对决策合理性的认同感和品牌的评价。相反,一视同仁的产品召回决策不仅能够获得不同市场消费者的认同和支持,尽可能消除不公平感知的差异,而且能让消费者感觉肇事企业是侧重于从他人(消费者)利益考虑,愿意付出,视为"大舍"。因此,会提高消费者对决策合理性的认同感和品牌的评价。所以我们认为,与区别对待的产品召回方式相比,一视同仁的产品召回方式会提高不同市场消费者的公平感知,进而对决策合理性的感知和品牌的评价更高。

六、当事人比旁观者的评价更加极化

关于公平,仁者见仁,智者见智。即便是面对同样的产品召回方式,但消费者所扮演的角色或立场不同,他们对公平的感知、决策合理性的感知或品牌的评价也会有所不同。根据当事人—参照者偏差效应(actor-observer bias effect),与参照者相比,产品召回事件中的当事人往往会对涉入事件有更多的了解,掌握更多的信息,产生更加敏感的自尊反应和公平感知等,而且这些心理反应将会随着角色的转换而发生转移。因此,对当事国(即因产品质量检测标准低而不召回的国家)的消费者来说,在区别对待情景下,他们会与参照国(即因产品质量检测标准高而召回的国家)的消费者进行比较,感到自己未受到肇事企业的尊重、重视或得到相同的待遇,由此加强了他们的不公平感知。但在一视同仁情景下,当事国(即因产品质量检测标准低而不召回的国家)的消费者与其他参照国(即因产品质量检测标准高而召回的国家)的消费者被同等对待时,他们会感觉自己的地位被提高了,会感受到肇事企业以人为本的理念和"大舍"的做法,由此降低或消除了他们的不公平感知。

对参照国的消费者来说，在区别对待情景下，他们会与当事国的消费者进行比较，哪怕认为区别对待的召回方式对当事国的消费者来说是不公平的，但当他们感觉自己受到肇事企业的尊重、重视或较高的待遇时，会因此而削弱他们为他人鸣不平的动机。而在一视同仁情景下，所有产品召回国（参照国和当事国）的地位都不凸显，如此将削弱参照国消费者对一视同仁召回方式的公平感知、决策合理性感知，对品牌评价的影响也较小。总的来说，与参照国的消费者相比，无论是一视同仁还是区别对待的产品召回方式，当事国的消费者对不公平的感知都会产生更加敏感的极化反应。所以我们认为，在产品召回应对方式对公平感知、决策合理性感知和品牌评价的影响过程中，消费者外在特征角色类型起着调节作用。具体而言，与参照国的消费者相比，当事国的消费者对一视同仁和区别对待的两种召回方式，所产生的公平感知、决策合理性感知和品牌评价的正向差异都更大。

七、东方文化思维比西方文化思维的消费者评价更加极化

在营销实践中，不同国家消费者对公平的感知不可避免地会受到本国文化思维的影响。学界有关文化思维的对比研究，普遍将以美国为代表的西方文化和以中国为代表的东方文化作为研究对象和内容。那么，全球市场产品召回双重标准（区别对待和一视同仁）和公平感知背后的东西方文化思维逻辑的差异究竟是什么呢？研究表明：美国文化更侧重遵循市场逻辑，讲求对等交易，对自己负责，追求独特；而中国文化更侧重遵循社会逻辑，讲究以人为本，对他人负责，重视和谐。

产品召回对不同国家区别对待，恰恰是市场逻辑的一种体现，也就是说，从肇事企业的利益出发，根据市场对产品检测和要求（事）的不同而区别对待，这种做法符合美国人和美国文化的导向。因此，本讲认

为美国文化环境中的消费者会更倾向于支持或认同区别对待的产品召回方式。但这一做法与中国文化所提倡的"人人平等"存在严重分歧，因此，本讲认为中国消费者对区别对待的产品召回方式所产生的不公平感知将会有更加敏感的极化反应。

在一视同仁的产品召回方式中，恰恰体现的是一种社会逻辑，也就是说，从全球市场不同国家消费者（人）的利益出发，强调以人为本与市场和谐，这种做法符合中国人和中国文化的导向。因此，本讲认为中国文化环境中消费者会更倾向于支持或认同一视同仁的产品召回方式。虽然这一做法并不代表美国主流文化，但一视同仁的产品召回方式一定程度上反映了普适的价值观念。因此，本讲认为来自美国的消费者并不会对一视同仁的做法做出强烈的抵制和拒绝。所以我们认为，在产品召回应对方式对公平感知、决策合理性感知和品牌评价的影响过程中，消费者文化思维起着调节作用。具体而言，与西方文化（美国文化）思维的消费者相比，东方文化（中国文化）思维的消费者对一视同仁和区别对待的两种召回方式，所产生的公平感知、决策合理性感知和品牌评价的正向差异都更大。

八、全球市场产品召回双重标准的研究价值

第一，针对全球市场产品召回，本讲率先提出区别对待和一视同仁两种应对策略。以往学者有关产品召回策略的分类，无论是依据外部力量的介入分为强制召回和自愿召回，或者依据肇事企业的反应分为主动召回和被动召回，还是依据补救成本的大小分为全面补救和部分补救等，其研究背景均默认了一个前提假设——仅在单一国家市场分析不同产品召回策略对消费者心理和行为的影响。显然，全球市场不同国家产品召回存在不同的标准，从理论上对这些标准进行比较分析，必将为产

品召回的研究拓展出更广阔的空间。

第二，将公平感知这一新的变量引入产品召回中，并结合以往文献重新诠释了公平的内涵。以往研究产品召回应对策略对消费者心理的影响，主要体现在产品质量风险感知、品牌情感或信任的修复等方面，这些心理感知对象较为单一。而面对不同国家市场产品召回的双重标准，会激起消费者内心的公平感知，其心理感知对象会变得相对复杂。另外，对公平内涵的理解，也从市场格局拓展至社会格局，本讲发现侧重于"事/利"的区别对待是一种范围相对较小的公平，而侧重于"人/义"的一视同仁是一种范围更大的公平。

第三，揭示了全球市场不同国家消费者对产品召回双重标准公平感知偏差背后深层次的影响因素。从消费者外在特征角色类型来看，在全球市场产品召回或不召回的背景下，消费者所处的角色和立场不同。例如，召回国和不召回国的消费者，他们对区别对待和一视同仁两种召回方式的公平感知、决策合理性感知及品牌评价存在显著的差异。从消费者内在特征文化思维来看，这种差异背后深层次的原因在于不同国家文化思维的影响，也就是东西方文化思维下对公平的理解存在一定的差异。面对区别对待的产品召回方式，与中国消费者相比，美国消费者更加支持和赞同；而面对一视同仁的产品召回方式，与美国消费者相比，中国消费者更加支持和赞同。

九、全球市场产品召回双重标准的管理启示

第一，在产品全球召回应对过程中，对不同国家市场上消费者补偿的平衡特别重要。由于互联网技术的发展，产品召回应对的信息将会在全球范围内传播，而不同国家市场上的消费者，又会将自己国家与他国消费者在产品召回补偿方面进行比较。对处于劣势国家市场的消费者来

说，一视同仁显然要比区别对待更好，因为这样无疑提高了他们在市场上的地位。而对于优势国家市场的消费者来说，区别对待显然要比一视同仁更好，因为这样他们会认为自己是优于其他国家消费者群体的。鱼和熊掌能否兼得呢？本讲的研究发现：与区别对待相比，一视同仁的召回方式，能够最大限度地赢得不同国家市场上消费者的认可和支持。

第二，一视同仁的产品召回方式对企业来说是一种"大舍"，一种格局，一种精神。对任何企业来说，产品全球召回都是一笔巨大的经济成本，究竟区别对待还是一视同仁？这很大程度上取决于决策者的胸怀和魄力。如果决策者遵循社会逻辑，以人为本，从消费者利益出发思考召回方式，重视人的平等，并且没有分别心的话，就会选择一视同仁，这样能够体现更大的公平。全球召回虽然会给企业带来巨大的经济成本，但无疑也会为企业赢得巨大的社会效益。因为"大舍"之后将留下故事，故事将成为传说，时间久了可能会成为传奇。全球召回，没有分别心，是一种格局，也是一种精神，说易行难。

第三，一视同仁和区别对待是台前的决策行为，而背后文化思维的影响才是根本。根据本讲数据分析的结果显示：虽然中国和美国消费者在两种召回方式的公平感知整体趋势上一致，但在具体的方面还是存在显著差异的。这种差异的原因是东西方文化价值观念的基础不同。例如，西方文化遵循市场逻辑，讲求对等交易，当不同国家市场对产品标准的检测不同时，在召回过程中更倾向于选择区别对待；而东方文化遵循社会逻辑，讲究以人为本，对不同国家市场上的消费者没有分别心，在召回过程中更倾向于选择一视同仁。由此可见，东西方文化背景下的消费者对公平本身的理解存在一定的偏差。因此，企业在全球召回过程中，应该关注各国文化思维的差异，以便更好地制定产品召回策略。

正如《道德经》第五十六章所讲:"知者不言,言者不知。塞其兑,闭其门;挫其锐,解其纷;和其光,同其尘,是谓玄同。故不可得而亲,不可得而疏;不可得而利,不可得而害;不可得而贵,不可得而贱;故为天下贵。"因此,圣人,同时也是真正有智慧的人是不会多说话的,也不会炫耀自己有多聪明,有多大的本事,他们行"不言之教",用行动去证明一切。圣人做人保持谦卑低调,贵柔、守弱,不与万物争高下;他们和光同尘,达到了天人合一,这就是玄同的境界。圣人不分高低贵贱,不分远近亲疏,没有任何的利害关系;他们超凡入圣,以博爱的胸怀爱天下万物,不去伤害任何人,因此受到天下人的敬重。

全球市场产品召回中的"一视同仁"理念,恰似"和光同尘"的智慧:不因国别差异而区别对待消费者,体现大道无偏私的公道精神。然而,文化思维差异如"锐"一般凸显,这就需要企业"挫其锐,解其纷",关注文化差异,平衡利益,以包容姿态处理召回,方能赢得天下人心,实现"不可得而亲,不可得而疏"的至高境界。

第四讲

城门失火,殃及谁家门口的鱼?"天地人"框架的分析

本讲主要研究同一行业内不同国家品牌间的丑闻溢出效应。当一个行业中某个企业产品质量出现重大问题时，人们是否会觉得其他企业也存在类似的问题？在本讲中，我们采用国人熟悉的"天地人"框架进行分析，当发讯品牌和受讯品牌来自同一/不同国家，且消费者对该国/两国制度监管（天/法）的信任越高/差异越大，品牌丑闻同化/对比效应就会越弱/强。类似的逻辑和结论适用于消费者对行业自律（地/德）的信心感知。当消费者的民族身份（人/情）被激发，若国产品牌发生丑闻，它可以弱化对同行业其他国产/外资品牌信念的同化/对比效应；若外资品牌发生丑闻，它可以反转对同行业其他外资/国产品牌信念的同化/对比效应。

第四讲　城门失火，殃及谁家门口的鱼？"天地人"框架的分析

一、品牌丑闻跨国非对称溢出效应事例解读

"城门失火，殃及池鱼"似乎是中国人约定俗成的一种传统认知：当事物甲发生祸端时，其邻近或相似事物乙也易于受其连累而遭遇损失或祸害。但若以品牌丑闻跨国非对称溢出效应为情境来审视这句话，我们会提出新的问题：城门失火，一定殃及池鱼吗？若不会，是什么原因呢？如果殃及，会是谁家门口的鱼呢？其中，溢出效应是学术用语，是指一个主体的某一特征或行为，会影响到与该主体有一定关系，但本身不具有这一特征或行为的其他主体的现象；跨国主要指品牌丑闻在同行业不同来源国（如中国和英国）品牌间发生溢出效应；非对称主要指品牌丑闻跨国间溢出效应的强度或效价不同。

假设在一个行业中，有来自 A 国和 B 国两个国家的品牌，其中 A 国的品牌 A1 发生了质量危机事件，A 国消费者认为 A 国其他品牌（如 A2、A3 等）也存在类似的问题，一损俱损，这称为发生了同化效应，主要指品牌丑闻跨越企业边界，对其他相关且类似的主体产生了类似的影响。与此同时，A 国消费者转而购买 B 国的品牌（如 B1、B2 等），这称为发生了对比效应，就是此消彼长，主要指品牌丑闻跨越企业边界，对其他相关但不同的主体产生了相反的影响。但如果是 B 国的品牌 B1 发生了同样的质量危机事件，A 国消费者并不认为 B 国其他品牌（如 B2、B3 等）存在类似的问题，这就是同化效应变弱了；但 A 国消费者认为 A 国品牌（如 A1、A2 等）存在类似的问题，这也是对比效应，A 国品牌躺着就中枪了。总体来看，品牌丑闻跨国溢出效应的结果是非对称的。

为什么品牌丑闻在跨国溢出时，会存在这种非对称效应呢？它是怎么发生的？城门失火，到底殃及哪个池子的鱼？站在国产品牌的立场，该如何去应对和改变呢？对这些问题的回答，以往学者主要运用西方信

息处理理论，集中讨论涉事品牌间相似或差异性等微观因素如何影响品牌丑闻的溢出效应，却较少立足本土文化来考虑国家制度、行业规范及消费者民族特征等宏观因素对品牌丑闻跨国非对称溢出效应的影响。

本讲选择运用"天地人"的思路进行分析，从消费者对制度监管（天/法）的信任、行业自律（地/德）的信心和民族身份（人/情）的凸显来考查品牌丑闻跨国非对称溢出效应的影响。中国传统文化认为"人法地，地法天，天法道，道法自然"（《道德经》第二十五章）。无论看待何种事物，中国本土文化总习惯运用"天地人"的思路去评价分析，以寻求其中的"道"，即本质规律。与人类实践活动相关的一切事物，均受"天地人"的影响，"天地人"是一切人为事物赖以生存、发展和死亡的决定力量，既体现了世人对宇宙的整体看法，也是研究具体事物所通用的理论基础。

二、品牌丑闻溢出层面和"天地人"概念解读

先梳理以往学者对品牌丑闻溢出效应相关研究，对其进行评价分析，找出本讲研究空间；然后立足中国本土文化，对"天地人"框架内涵在本讲情境中的应用进行阐述和剖析，为后续模型构建及逻辑推演做铺垫。

（一）品牌丑闻溢出层面

溢出效应是品牌丑闻领域常见的话题，以往研究主要聚焦于三个层面。第一，品牌系统内部。品牌丑闻的严重程度、品牌间的相似性、品牌组合间的联想强度以及联想方向等都会影响溢出效应的发生。第二，竞争对手或品牌联合间。当某一品牌出现丑闻时，对竞争品牌溢出效应的影响依品牌间的相似性而不同，在同化/对比效应的影响下，消费者会降低/提升对相似且属性一致/不相似且属性相反或对立的品牌的评

价。第三，整个行业。只要单个企业在整个行业中具备较高的代表性，以及与整个行业有一致的核心属性，那么，该企业若出现品牌丑闻将会很容易溢出至整个行业层面。

以上研究视角遵循由企业内部到外部，影响因素由微观到宏观的逻辑，对品牌丑闻溢出效应展开了探讨，但存在如下两方面局限。第一，未考虑溢出效应发生过程中发讯品牌和受讯品牌来源国身份的异质化，并忽视了因此造成的同一行业内品牌丑闻非对称溢出效应的存在。其中，发讯品牌指发生品牌丑闻的企业，受讯品牌指未发生品牌丑闻但受到丑闻影响的企业。第二，对溢出效应影响因素的研究始终局限于微观层面，即注重强调发讯品牌和受讯品牌间的相似性或差异性，却较少立足中国本土文化，按照"天地人"的思路，从消费者对制度监管（天/法）的信任、行业自律（地/德）的信心及民族身份（人/情）的凸显三个方面，研究这些宏观因素对品牌丑闻跨国非对称溢出效应的影响。

（二）"天地人"概念解读

第一，"天"字的解读。"天"下面是一个"大"，指一个站立的人。上面一横即为"法"，不可逾越。那么，人们是如何看待"天"的呢？我们认为这取决于一国长期积聚所形成的文化，集中体现在情理法的排序上。例如，以中国为代表的东方文化是以"情理法"为基础，法律是依据人情而制定的，元（律疏）、明（律表）、清（律例）等朝代的文献都有明确指出。相反，以美国为代表的西方文化是以"法理情"的排序为基础，法律的权威不容撼动，人与事是否"合法"是一切问题的最终裁决，价值取向与行为要求首重"守法"。那么，谁来维护"天/法"呢？国家、政府、制度作为代理人，自然责无旁贷。

因此，作为执法者，要信仰法治、坚守法治，做到知法、懂法、守法、护法，站稳脚跟，挺直脊梁，只服从事实，只服从法律，铁面无私,秉公执法。否则,将会降低消费者对"天/法/制度监管"的信任,当某品牌出现丑闻时,会影响消费者对同行业其他品牌是否出现类似情况的预测和判断,即消费者对"天/法/制度监管"的信任感知将会影响品牌丑闻溢出效应。并且,当品牌来自不同国家时,消费者对其所背书的"天/法/制度监管"的信任感知可能存在差异,这种差异也将会对品牌丑闻溢出效应产生影响。所以,结合本研究情境,我们认为消费者对"天/法/制度监管"的感知,主要指消费者对某个国家政府机构、系统和人员是否能够以令人满意的方式严格履行他们职责的信任程度。

第二,"地"字的解读。"地"字从土,也声,万物所陈列也(《说文解字》)。也就是说,土地"生养"着万物。"地势坤,君子以厚德载物。"(《周易·坤》)。那么,消费者是如何看待"地"的呢?若将行业视为"地",行业内的企业为"物",具有主观能动性的"物(企业)",其行为是否会反过来影响"地(行业)"?若企业间"同心同德",视自己为"地(行业)"的一分子,通过"自律"提高"地(行业)"的利益、形象和声誉,则一荣俱荣,皆大欢喜。但若企业间"离心离德",认为"地(行业)"是大家的,赚的"钱"是自己的,则容易为了赚"钱"而不顾一切,损害整个"地(行业)"的利益、形象和声誉。最终,将无"地"自容。

照此逻辑,来自某一国家某一行业品牌的丑闻将会降低消费者对该国该行业品牌的整体形象(即品牌来源国形象)感知。那么,当该行业来自不同国家的某品牌出现丑闻时,消费者对其所背书的"地/德/行业自律"信心的感知可能存在差异,这种差异将会影响他们对同行业同一国家或不同国家其他品牌,是否出现类似情况的预测和判断,即消费者对"地/德/行业自律"信心的感知将会影响品牌丑闻溢出效应。因此,我们认为消费者对"地/德/行业自律"信心的感知是指他们对来自某一特定国家某一行业的品牌,在其心目中先前所形成的形象、声誉及固定看法。它反映的是目标市场消费者对品牌来源国某一行业的内在印象,以及对该国某一行业品牌的整体性认知。

第三,"人"字的解读。"人"字拆开来看,就是一撇和一捺的组合。若把"撇"视为企业,把"捺"视为消费者,说明企业和消费者相互依赖,不可分开。而联通一撇和一捺的关键,就是企业要抓住消费者的"心",反过来,消费者才会对企业有"情"。因此,"心·情"才是联结品牌和消费者关系的本质。其中,这个"情"又可分为真有之情和应有之情。结合本研究需要,我们认为本讲中应有之情主要指消费者因民族认同感被激发,而将对本民族的认同延伸至本国品牌的情结,它是一种应有之情,是以"自己人"情结为基础的升华。

来自同一国家的品牌与消费者,不仅有着共同的"根",而且他们所继承的精神和文化也是"一脉相承"的。所以,一国的品牌代表着一国的精神和文化,消费者更倾向于视国内/国外品牌为自己人/外人。但我们认为"自己人"情结是"家"层面的说法,而"民族认同"则是"国"层面的说法。因此,一国品牌的"成功",会让该国消费者感到自豪;而一国品牌的"丑闻",则会让该国消费者感到伤心。那么,伤心之余,消费者对同行业来自国内外其他品牌是否会存在类似的丑闻事件,作何预测和判断呢?这一问题将受到"人/情/民族认同"的影响,可能加强、减弱或逆转品牌丑闻的跨国非对称溢出效应。

三、"天地人"框架对品牌丑闻溢出效应的影响

在前文分析的基础上,我们提出"天地人"框架对品牌丑闻溢出效应的影响思路(见图4-1)。"天地人"三个层面分别对应消费者对制度监管(天/法)的信任、对行业自律(地/德)的信心以及民族认同

（人/情）的凸显。其中，制度监管的信任和行业自律的信心均可分为"无差异"和"有差异"两个类别，前者/后者主要是针对同化效应/对比效应而言的，意为发讯品牌和受讯品牌来自同行业同一/不同国家，消费者对它们所背书制度监管的信任和行业自律的信心无差异/有差异。民族认同则分为"激发"和"控制"两个类别，均适用于同化效应和对比效应。品牌丑闻溢出效应的影响结果，分为同化效应和对比效应，前者/后者主要发生于同行业来自同一/不同国家品牌之间。

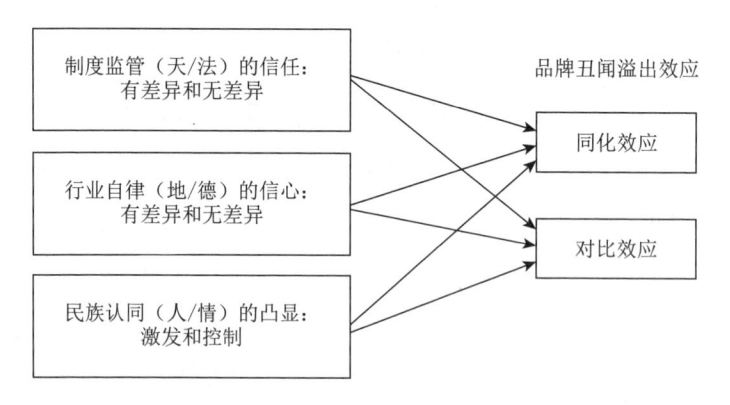

图 4-1 "天地人"框架对品牌丑闻溢出效应的影响思路

（一）制度监管（天/法）的信任对品牌丑闻溢出效应的影响

本土文化中，"天"为阳，代表着权威和公正，拥有生杀奖惩的权力，面对有些事情，当人们无法做到时，就会寄希望于"天"的力量。当品牌发生丑闻后，消费者往往会不可避免地、自发地判断同行业其他品牌是否存在同样的问题，并同时分析事件发生的原因和责任方。如果相信制度监管（天/法）的力量，在排除不可抗力因素的影响下，消费者往往会将丑闻的责任归因于发讯品牌。同时，他们相信在制度监管（天/法）的情况下，同行业其他品牌会自律，出现类似问题的概率比较低。相反，如果消费者对制度监管（天/法）的信任度比较低，当发讯品牌出现丑闻时，他们往往会将责任归因于制度监管（天/法），认为产品质量制度监管（天/法）也有不可推卸的责任，同时认为同行业其他品牌出现类似问题的概率会比较大。因此，这就意味着消费者对制度监管（天/法）信任的感知有正面的，也有负面的，取决于制度监管（天/法）的绩效。而研究表明：不同国家的制度监管（天/法）和制度绩效存在较大的差异。如此一来，当丑闻在不同来源国品牌之间发生溢出效应时，消费者对不同国家制度监管（天/法）信任的感知就不可避免地起到了一定的影响作用。

同化效应下，当品牌来自同一个国家时，若消费者对制度监管的信任度比较高（低），那么，他们就会把对制度监管的信任转移至对其他品牌产品质量的信任，认为其他品牌不会（会）存在类似的问题。因为那些品牌若存在类似的问题，将会受到制度即"天"的惩罚（放任），承担较大（小）的风险和成本。最终导致消费者对其他品牌产品质量的信心和信念，不会（会）受发讯品牌丑闻的显著影响。就像如果一个人闯了红灯，被重重地惩罚（并未受到惩罚），那么，人们会认为其他人就不再（也可能）会闯红灯。同样的逻辑，适用于对比效应，即当品牌来自同行业但不同国家时，消费者对发讯品牌和受讯品牌所背书的两个国家的制度监管（天/法）的信任感知差异越大，那么，当制度监管信任度低（高）的国家的品牌发生丑闻时，消费者将会对同行业来自制度监管信任度高（低）的国家的品牌产品质量信念也就越高（低）。所以，我们认为：当发讯品牌和受讯品牌来自同一国家，且消费者对该国制度监管的信任度越高，品牌丑闻同化效应就会越弱；当发讯品牌和受讯品牌来自不同国家，且消费者对发讯品牌和受讯品牌所背书的两个国家的制度监管信任度差异越大，品牌丑闻对比效应就会越强。

(二) 行业自律（地/德）的信心对品牌丑闻溢出效应的影响

本土文化中，"地"为阴，代表着孕育和生养，拥有容纳滋养万物的能力，面对尚未满足的需求，人们可以从大"地"中获取。结合本讲研究，我们视国家为一块"大地"，由不同的行业"小地"组成。而不同的小地（行业），因其土壤的构成要素（结构）不同，故其生养的作物（品牌）也存在较大差异。因此可能会出现"尺有所短，寸有所长"，也有可能出现"橘生淮南则为橘，生于淮北则为枳"等情况。同样的逻辑，每个国家（大地）都有自己的优势行业（小地）及拳头品牌（作物），相互之间可能会比较难以模仿。例如，提到手机行业，消费者会想起美国的苹果、韩国的三星、中国的小米和华为等；提到汽车行业，消费者会想起美国的通用、德国的奔驰等。

由此可见，具体品牌（作物）的来源国形象与特定的行业（小地）有着密切的关系。那么，这种密切的关系该怎么解读呢？根据信息处理理论，它们之间是属性和类别的关系。也就是说，在基于某一品牌来判断另一品牌的信息处理过程中，消费者常常通过行业推断具体品牌或通过具体品牌推断行业，更可能把行业层面的知识、印象、信念和期望整合、概化至评价行业中的具体品牌，或者是将行业中代表性品牌的特征放大至行业层面，产生晕轮效应。当面对两个或两个以上不同类别属性的群体时，人们在推断过程中往往会出现同化或对比两种不同的倾向，即在同一类别同一属性（同一国家同一行业）之中人们常常采用同化效应进行推断，而在不同类别同一属性（不同国家同一行业）之间常常采用对比效应进行推断。这里的类别指国家，属性指行业。

品牌跨国丑闻溢出效应中的涉事品牌可能来自不同国家，因此，消费者在评价受讯品牌时可能就会根据品牌来源国形象这一属性，启动同化模式或对比模式。具体而言，当发讯品牌发生丑闻时，消费者首先会通过此类信息处理，基于品牌来源国对发讯品牌和受讯品牌进行归类。此时，若发讯品牌和受讯品牌来自同一行业同一国家，且消费者先前对该行业的行业自律信心感知越好（差），就越能阻止（加强）同化效应对受讯品牌的影响。若发讯品牌和受讯品牌来自同一行业不同国家，且消费者先前对该行业的行业自律信心感知好坏差异越大，发讯品牌和受讯品牌间的对比效应就会越强。所以，我们认为：当发讯品牌和受讯品牌来自同一国家，且消费者对该国某行业自律的信心感知越好，品牌丑闻同化效应就会越弱；当发讯品牌和受讯品牌来自不同国家，且消费者对发讯品牌和受讯品牌所背书的两个国家同一行业自律的信心感知好坏差异越大，品牌丑闻对比效应就会越强。

（三）民族认同（人/情）的凸显对品牌丑闻溢出效应的影响

本土文化中，"人"往往与"情"相连。此处，"情"主要指消费者对品牌的应有之情。它是如何产生的呢？首先，品牌似人，一国的品牌类似于一国的人，消费者更倾向于视国产（外资）品牌为"自己人"（"外人"），并以"内外有别"的人际规范来指导与品牌间的互动。其次，当品牌发生丑闻之后，消费者会更关注发讯品牌和受讯品牌的来源国，并积极搜索发讯品牌和受讯品牌的来源国，以自我为参照，将发讯品牌和受讯品牌归为"自己人"或"外人"。最后，当民族身份被激发时，消费者对国产品牌（"自己人"）的情感就会上升至国家和民族认同的高度。

"民族认同"具体是如何对品牌丑闻跨国非对称溢出效应产生影响的呢？首先，消费者与国产品牌是一种"血缘"关系，无法割舍。出于"自己人"（内团体）偏见，人们常常会偏好于他们所属的"自己人"（内团体），而规避或敌视他们所不属的竞争性"外人"（外团体）。如果"自己人"（内团体）成员即某一国产品牌出现丑闻，在民族认同被激发的情况下，消费者将会努力弱化它所产生的负面影响，并给予其成长的机会；同时忽视竞争性外团体成员即外资品牌的产品质量，以此来偏袒和维护"自己人"（内团体）的尊严和形象。然而，如果是"外人"（外团体）成员即某一外资品牌出现丑闻，在民族认同被激发的情况下，消费者将会努力降低竞争性"外人"（外团体）成员即外资品牌的信念，同时提高"自己人"（内团体）成员即国产品牌的信念，以此来加强和提高"自己人"（内团体）的尊严和形象。为此，我们认为：当国产品牌发生丑闻时，消费者民族认同的凸显，既可以弱化对其他国产品牌（"自己人"）信念的同化效应，还可以弱化对其他外资品牌（"外人"）的对比效应；当外资品牌发生丑闻时，消费者民族认同的凸显，既可以强化对其他外资品牌（"外人"）信念的同化效应，还可以强化对其他国产品牌（"自己人"）信念的对比效应。

四、"天地人"三个层面的研究价值

第一，从消费者对"天/法/制度监管"的信任感知视角来看，若发讯品牌和受讯品牌来自同一行业同一国家，消费者对该国的"天/法/制度监管"信任越高，那么，品牌丑闻溢出至同行业该国其他品牌的可能性就越弱。若发讯品牌和受讯品牌来自同行业不同国家，消费者对发讯品牌和受讯品牌所背书两国的"天/法/制度监管"信任感知差异越大，对比效应也就越强。具体来讲，当发讯品牌来自"天/法/制度监管"信任低（高）的国家，而受讯品牌来自信任高（低）国家时，那么，品牌丑闻的发生将会通过对比效应而提高（降低）消费者对受讯品牌的信念。

第二，从消费者对"地/德/行业自律"的信心感知视角来看，若发讯品牌和受讯品牌来自同一行业同一国家，消费者对该国"地/德/

行业自律"的信心越好，品牌丑闻溢出至同行业该国其他品牌的可能性就越弱。若发讯品牌和受讯品牌来自同行业不同国家，消费者对发讯品牌和受讯品牌所背书两国的"地/德/行业自律"信心感知差异越大，对比效应也就越强。具体来讲，当发讯品牌来自"地/德/行业自律"信心差（好）的国家，而受讯品牌来自信心好（差）的国家时，品牌丑闻的发生将会通过对比效应而提高（降低）消费者对受讯品牌的信念。

第三，从消费者对"人/情/民族认同"的凸显视角来看，当国产品牌发生丑闻时，消费者的"人/情/民族认同"的凸显，不仅可以弱化对其他国产品牌（"自己人"）信念的同化效应，而且可以弱化对其他外资品牌（"外人"）的对比效应。而当外资品牌发生丑闻时，消费者的"人/情/民族认同"的凸显，不仅可以强化对其他外资品牌（"外人"）信念的同化效应，而且可以强化对其他国产品牌（"自己人"）信念的对比效应。

整体来看，与以往研究将品牌丑闻溢出效应涉事品牌身份同质化不同，本讲强调了品牌身份的异质化，即发讯品牌和受讯品牌来自不同的国家，这是对以往研究的极大补充。同时，在此基础上，本讲将影响溢出效应的因素进一步扩展到宏观层面，即"天地人"三个层面，这是对以往研究的一个升华。

五、"天地人"三个层面的管理启示

第一，从"天/法/制度监管"视角来看，若消费者对制度监管信任度较低，无论是自家（本国）还是外人家（外资）的"城门失火"（品牌发生丑闻），都会殃及自家池塘的"鱼"（同行业其他品牌）。若消费者对制度监管信任感知较高，当自家"城门失火"时，可能会降低殃及自家池塘"鱼"的可能性；而当外人家"城门失火"时，还有可能会有利于自家池塘的"鱼"。因此，政府对企业的监管，要靠制度来保障，企业无论大小，也无论是国产还是外资，应一视同仁，谁违反制度就应给予最严厉的处罚，对构成犯罪的企业，要依法追究刑事责任。只有这样，企业才能遵纪守法，专心经营，而不敢、不想、不会以身试法。长此以往，不仅能增强民族品牌在国内的竞争力，还能促进民族品牌国际化进程。

第二，从"地/德/行业自律"视角来看，若消费者对行业自律的信心较低，无论是自家（本国）的，还是外人家（外资）的"城门失火"（品牌发生丑闻），都将会殃及自家（本国）池塘的"鱼"（同行业其他品牌）。若消费者对行业自律的信心较高，当自家的"城门失火"时，可能会降低殃及自家池塘"鱼"的可能性；而当外人家的"城门失火"时，还有可能会有利于自家池塘的"鱼"。因此，企业之财应取之有道，不仅要严于律己，使"自己"德才兼备，还要同心同德，让"大家"积德累功。只有这样，整个行业的形象和声誉才能"天天向上"。长此以往，才能提升民族品牌在国内外市场的竞争力。

第三，从"人/情/民族认同"视角来看，若消费者的民族认同被激发，当自家（本国）的"城门失火"时，不仅可以降低殃及自家（本国）池塘"鱼"（同行业其他国产品牌）的可能性，还能弱化对外人家（外资）池塘"鱼"（外资品牌）的有益影响。而当外人家的"城门失火"时，不仅可以提高殃及外人池塘"鱼"的可能性，还能减轻对自家池塘"鱼"的有害影响。因此，企业永远不要忘记自己与消费者有着同样的"根"，一脉相承，有着深厚的"血缘"关系。当企业陷入品牌丑闻危机时，要及时激发消费者的民族认同，这样不仅可以"大事化小"，还可能"因祸得福"。

总的来说，品牌经营要"敬天、畏地、爱人"，欺天之"心"不可

"有",因为天网恢恢,疏而不漏;伤地之"行"不可"为",因为厚德才能载物,无地难以自容;民族之"情"不可"忘",因为同根同源,一脉相承。品牌与"天(制度)·地(行业)·人(消费者)"是一个整体,不可分割,它们是品牌生存与发展之根本,即"天生之,地养之,人成之"(董仲舒的《春秋繁露·立元神》)。因此,品牌的"好"与"坏"都离不开"天·地·人"的影响。

《道德经》第五十一章讲道:"道生之,德畜之,物形之,势成之。是以万物莫不尊道而贵德。道之尊,德之贵,夫莫之命而常自然。故道生之,德畜之,长之育之,亭之毒之;养之覆之"。其译文如下。道生成万物,德养育万物。物质使万物呈现各种各样的形态,环境使万物成长起来。故此,万物莫不尊崇道和重视德。道之所以被尊崇,德之所以被重视,并没有人如此命令,而是万物本身自然而然地永远去这样做。因而,道生长万物,德养育万物,道、德使万物生长发育,使万物顺利成熟,使其受到抚养、保护。因此企业经营要循道合德。

第五讲
如何化"危"为"机"?"舍得"的诠释和解读

本讲主要研究产品质量缺陷给企业带来的危机。面对大规模的产品质量缺陷，决策者是全部召回、部分召回还是不召回？俗话说：大舍大得，小舍小得，不舍不得。是这样的吗？在本讲中，我们归纳了"舍得"的内涵，并构建了"舍得"理论框架。品牌危机情境下，决策者越是"大舍"，越能得到顾客的心，即越能修复并提升顾客对品牌的信任和情感，企业就越能得到更多的"利"，表现为顾客对品牌评价的提升和再购意愿的增强。其中，与危机归因于内（人为）相比，当危机归因于外（天灾）时，"舍"对"得"的正向影响将被加强。

一、危机情境下品牌"大舍"和"小舍"事例描述

长期以来，品牌危机一直是营销理论研究和实践关注的热点话题之一。尤其是近年来在移动互联网信息技术的影响下，品牌危机事件被不断放大，对企业声誉、行业信心、国家形象，乃至整个社会的信任都造成了极大的负面影响。为此，学界围绕品牌危机的应对与管理展开了广泛深入的研究，分别从企业、媒体和专家三个视角提出多种应对策略。其中，从企业视角开展的应对研究最为丰富，探讨了否认、辩解、保持沉默、承认等多种应对方式。然而，这些结论大多是在西方理论背景的指导下得出的，并不能充分体现应对行为背后的本土文化意义和决策智慧，也无法深刻解释本土营销实践中的现象和问题，下面以两则事例为证。

事例一：某年某月，一场突如其来的暴雨夹杂着冰雹袭击了 A 汽车品牌的停车场，导致估值在 7587.23 万元至 1.62 亿元的 200 多辆新车被浸泡。接着，A 汽车品牌发布官方声明，证实暴雨导致 283 辆车浸泡受损，确保这些车辆不会进入销售渠道，并将 283 辆受损车底盘号全部公布。此举得到广大顾客称赞，认为厂商有担当，一名粉丝甚至感叹："这雨下得就像开水淋在心上，文艺的情绪一下子沸腾了。"

事例二：某年某月，因为存在安全隐患，B 家具品牌的产品抽屉柜在北美市场造成多名儿童死亡和受伤。接着，B 家具品牌"抽屉柜伤人"事件在亚洲 C 国市场持续升温。然而，B 家具品牌认为在 C 国销售的抽屉柜符合 C 国国家标准，因此声明并不召回，而是免费为顾客提供约束装置，将柜体固定在墙上。此事引发媒体和广大顾客的强烈声讨，怒批 B 家具品牌极其傲慢——"C 国顾客真的缺你那几颗钉子吗？"

两则事例中，无论 A 汽车品牌还是 B 家具品牌，都采取了一定的补救措施，为何导致了截然不同的社会反响？按照以往理论，两家企业

危机处理的差异在于：一家采取的是预防性担保措施，而另一家采取的是事后补救措施；一家是主动出击，另一家是被动应对；一家归因于外（天灾），另一家归因于内（人为）。然而，以往理论的解释相对烦琐，颇有隔靴搔痒之感，并不能透彻揭示两种品牌危机管理措施产生不同效果的本质原因。从中国文化的语境来看，上述两家企业的决策者在面临危机事件时，所展现出的智慧、勇气和担当高下立判，其中关键在于他们对"舍"与"得"的理解和认识存在较大差异。具体而言，A汽车品牌在面对"天灾"的情况下，勇于承担责任，敢"舍"（即公布被雨水浸泡而受损车辆的底盘号），结果换来顾客的"心"份额和市场份额。而B家具品牌在面对"人为"的情况下，却推三阻四不想"舍"（即只免费为顾客提供约束装置，并不召回产品），结果不仅失去了市场份额，还有顾客的"心"份额。

中国有句俗语："大舍大得，小舍小得，不舍不得。"在品牌危机情境下，企业能否通过"舍得"行为化"危"为"机"？究竟该如何界定"舍"和"得"？"舍"和"得"之间的过程和机制又是什么？如何加强或减弱"舍"和"得"之间的关系？与以往西方理论研究相比，"舍得"构念相对抽象，本土文化意义丰富，较难界定和应用于学术研究。然而，在坚持构建本土文化理论解决本土实践问题信念的指导下，本讲尝试将"舍得"思想和文化意义应用于品牌危机管理中。结论不仅对本土文化营销理论建构有重要的参考意义，还将为中国本土市场中品牌危机管理实践提供重要的指导。

二、品牌危机应对策略的比较分析

品牌危机指品牌在正常传递价值和利益的过程中，那些能够对品牌生存和发展产生威胁，或者对品牌形象产生伤害的意外或突发事件。结合本讲研究内容，这些事件主要指产品质量方面的相关问题，而且它们在各种媒介的传播下可能广为人知。对企业而言，品牌危机就像一场噩梦。从短期来看，品牌危机会迅速降低产品或服务的销量；从长期来看，它会削弱营销组合策略的效力，并使企业失去顾客的信任，甚至可能给整个行业乃至国家形象带来灾难性的影响。

为此，众多学者研究了品牌危机的应对和补救策略。我们根据国内外学者的代表性结论进行梳理和总结如下。国外学者认为，品牌危机的应对策略基本上是按照从缓解到恶化这样的递进顺序（如沉默、让步、申辩、辩解和拒绝）被提出的。按照从反对到包容的递进逻辑，品牌危机沟通策略包括：攻击控诉者、否认、寻找借口、申辩、辩解、讨好、充分道歉。品牌危机后的形象修复策略有五大类，即否认、推卸责任、降低事件的攻击性、纠正行为和约束行为。国内学者认为，品牌丑闻的企业应对策略包括保持沉默、否认、辩解、承认四个大类。其中，承认又包括道歉、被迫召回、主动召回、非常努力地应对。根据产品质量危机的应对策略汇总显示：可辩解危机应对有公开致歉、积极澄清、置之不理、否认和反驳等策略；不可辩解危机应对有坚决否认、强制召回、主动召回、积极承担责任等策略。

除了上述相对抽象的策略之外，还有学者遵循深化理论研究的原则，不断研究更为具体的应对策略。例如，有人讨论了两种否认策略：坚决否认和诊断否认。坚决否认指给顾客提供有效且具说服力的信息和证据，反对或推卸品牌丑闻的存在或责任；诊断否认指通过让顾客区别同类品牌间的差异，降低品牌丑闻负面信息价值，进而否认品牌丑闻的存在。也有人针对信任修复将道歉策略分为：情感修复努力、功能修复努力和信息修复努力。情感修复努力指向受害者表达遗憾和同情；功能修复努力指向受害者给予财务方面的补偿；信息修复努力指在危机处理过程中，及时更新披露信息，澄清事实。还有学者结合本土文化，将道歉策略分为赔礼和赔钱，测试品牌危机中受害者对面子感的重视程度以及品牌关系再续意愿。也有学者增加了公开和私下、即时和延时、共享关系和交易关系的组合情境，比较了不同情境下赔礼和赔钱对危机治理效果的差异。类似的研究结论不胜枚举。

综上所述，本讲中提到的"大舍"行为与以往危机补救策略相比，存在以下区别，如表5-1所示。其一，以往研究大多从市场绩效视角出发，按照市场逻辑，着手眼前利益或短期利益，重视品牌危机中"危"的应对；而本讲"大舍"行为则从本土文化"人心"视角，按照社会或自然逻辑，着眼未来利益或长期利益，重视品牌危机中"机"的把握。其二，以往品牌危机应对和沟通方式、研究逻辑不断具体及细化，边界具体明确，表面上看似乎具有较强的操作性，实际上对企业而言，却既难以涵盖本讲"大舍"行为在营销实践中所展现的复杂性和多样性，更缺乏战略性和方向性的指导意义。其三，以往研究的应对动机侧重息事宁人，而本讲"大舍"则侧重化危为机；以往研究决策特征侧重利弊权衡，而本讲"大舍"则凸显决策者的勇气和胸怀；以往研究侧重修复消费者的心，而本讲"大舍"行为侧重征服消费者的心。其四，以往品牌危机应对和沟通的研究理论大多来自西方，虽然有不少也适用中国市场，但缺乏应对本土实践的恰切性，难以充分解释和解决中国文化背景下企业面临的实际问题；而本讲"大舍"行为彰显本土话语且契合本土实践。

表5-1 本讲"大舍"行为与以往危机补救策略的区别

比较内容	危机策略	
	以往研究策略	本讲"大舍"行为
逻辑基础	市场逻辑	社会或自然逻辑
适用情境	边界具体明确	复杂多样

续表

比较内容	危机策略	
	以往研究策略	本讲"大舍"行为
应对动机	息事宁人	化危为机
决策特征	利弊权衡	勇气和胸怀
理论基础	西方成熟理论	东方自建理论
行为体现	专业知识、言尽其意	专业知识、文化意义、言不尽意
消费者反应	修复消费者的心	不仅要修复消费者的心,而且要征服消费者的心
结果预测	可以预测、单一反应、眼前绩效	不可预测、连锁反应、长远绩效

资料来源:笔者整理所得。

三、"舍得"本土理论框架的建立

"舍得"说法和运用在本土文化中历史悠久,屡见于"儒释道"三家的文献典藏。例如,儒家经典《孟子》中写道:"鱼,我所欲也,熊掌亦我所欲也,二者不可得兼,舍鱼而取熊掌者也。"道家元典《道德经》中写道:"夫唯不争,故天下莫能与之争。""将欲歙之,必固张之;将欲弱之,必固强之;将欲废之,必固兴之;将欲夺之,必固与之。"除此之外,在古今中外各类文史著作中,关于"舍得"的诗句、谚语、成语、故事或事件等记载不胜枚举,有的已在世界范围内传诵千年之久。归纳而言,大多数涉及"舍得"的文献都鲜明地体现出收益与付出间的辩证关系:舍与得并非此消彼长,而是某种程度上的互为因果,互相促进。

然而,至今鲜有学者从学术的角度梳理"舍得"的前提和内涵,给出具体定义。部分原因在于:西方文化强调理论,思维具体明确;中国文化强调思想,思维抽象模糊,这与中国文化中阴阳及中庸的思维有关。因此,来自中国本土文化的构念若想与当今国际主流学术圈对话,就必须借鉴西方强调理论的思维逻辑，明确其定义的范畴和边界。基于此，本讲首先阐述"舍得"的背景和前提、定义和内涵，用以构建本土理论，解决营销实践问题。

（一）"舍得"的背景和前提

一直以来，"舍得"行为既广泛体现在各种宏观领域，如政治、军事、经济、教育等；也广泛应用于企业管理实践的微观情境，如人事任免、利益分配、营销战略制定、客户关系管理等。本讲选择品牌危机情境的原因如下。第一，品牌危机情境带有时间的紧迫性和公开性，舍得行为有极大的不确定性和风险，最能体现当事人决策时的勇气、智慧和境界。第二，经过前期多次讨论，本讲发现：在不同情境下，舍和得之间的过程、机制和边界条件存在较大差异。因此，本讲首先专注品牌危机情境下的舍得研究，未来再拓展到其他类型的企业决策情境中。品牌危机情境下，为什么有的决策者敢于"大舍"，而有的决策者只能"小舍"或"不舍"？这取决于他们对舍的理解、体验和感悟，其中有两个前提：一个是"脑"，即相信因果不空的信念；另一个是"心"，即同理心的大小。

首先，决策者要相信因果不空，也就是种瓜得瓜，种豆得豆，相信现在播下"因"未来能够收获对等甚至更大的"果"。这是因为舍得行为并没有法律契约作基础和保障，而且舍和得之间有较大的不确定性，尤其在时间间隔上，因果关系并没有一定的时间可以预期，像俗语"善有善报，恶有恶报；不是不报，时候未到"，以及"善恶之报，如影随形，三世因果，循环不失"（《涅槃经》）。另外，舍得因果思维相对抽象模糊，属于"象"思维，即根据一些线索，发现复杂事物间的关联，找到客观规律存在走向，不以人的意志为转移。因此，做出"舍得"决策需要决策者对因果有信心。决策者若能找到"道"，敢践行，结果就会如庖丁解牛，以无厚入有间，最终实现决策者内在、主观"心"与外在、客观"道"的契合与统一，体现"大舍大得"局面。

其次，决策者要有尽可能大范围的同理心，即是否能够站在他人立场设身处地地思考问题，其中"他人"既可指同为人类的顾客，也可指动植物，甚至是自然界、地球或宇宙。范围越大说明同理心越强，最终达到"天人合一"；无独有偶，西方学者把它称为己化道德关怀圈（inclusion of other in the self），这取决于一个人道德发展阶段和自我延伸。如果用本土话语表达，我们认为应该是推己及人或天人合一。仁义礼智信，"仁"字开头，重要性可见一斑，是中国文化的精华所在，就像果仁，是可以传承的种子。一个人是否能够本能地、不假思索地为他人着想，视为"发心"；一个人如果能将他人、动植物以及整个生态环境纳入自我的延伸，视为"自己"的一部分，可作为"天人合一"的一种解读。

最后，决策者应敢于暴露品牌危机中的问题，直面真实的自己，只有在公众面前袒露、反省自己，才能触及灵魂，内心才能真正做到放下，最终解放自己，如此才能体现真诚，正如《中庸》所说："唯天下至诚为能化"，即真心实意，坦诚相待，能从心底感动他人，获得他人的信任。这样的人可称为"真正的勇士"，他们的勇敢恰恰体现了心灵的柔软，深深反映了慈悲之心。相反，如果戴着面具借助危机公关策略，削弱品牌危机带来的负面影响，其结果只能一时有效，并不能从根本上解决顾客和决策者的心结问题。所以，大道至简，"简"就是"真"。无论是"同理心""天人合一"，还是"己化道德关怀圈"，其实都指向同一个问题：小我和大我间的关系。当小就是大，大就是小时，就只剩下一个"我"，此时也可以称为"我们"。

（二）"舍得"的定义和内涵

在收集整理有关"舍得"句子（30个条目）和成语（35个条目）

后，我们形成初步结论："舍"作为动词或一种行为，主要体现在放弃和给予两个方面；"舍"和"得"间的关系存在很大的不确定性，没有法律契约方面的基础和保障。接下来，我们邀请专业的学术团队对"舍得"进行多次充分讨论，最终梳理出"舍得"的内涵及特征。其一，"舍得"的主体。舍方或舍的对象可以是个体或集体；得与舍对应，得方或得的对象也可以是个体或集体。其二，"舍得"的内容。其内容比较广泛，复杂多样，可以是钱、物、信息甚至是人等；舍和得的程度难以对等，且存在差异。"舍"的大多是"有（如钱、物、人等）"，"得"的不仅是"有（如经济绩效）"，更多的是"无（如品牌声誉）"。其三，"舍得"的方向，如图5-1（a）所示。舍是指人们向外给予，得是指人们向内得到，所以，舍和得的方向是相反的。舍或得可以是单方面意愿，也可以是双方互动。其四，"舍得"的对等关系，如图5-1（a）所示。大舍大得，小舍小得，不舍不得。这种对等关系基于两个基本条件：一个是需要舍的方式正确，顾客能够认同舍的行为；另一个是需要舍的对象怀有感恩互惠之心。若不具备这两个条件，舍和得的对等关系在一定时间内恐难实现。其五，"舍得"的时间关系，如图5-1（b）所示。在时间维度上，存在三种关系类型：舍未来得眼前；舍眼前得眼前；舍眼前得未来或既得眼前又得未来。其中的时间间隔可以较短，也可以较长，甚至长到无法判断未来结果。其六，"舍得"的过程："大舍"和"大得"之间更多体现的是以心换心的交换而非以物易物的交易，"换"来的往往能够打动、感动甚至征服人心，产生较高的情感和信任反应，得到"心"份额，市场份额自然接踵而至。而"小舍"和"小得"之间更多体现的是交易，就事论事，"易"来的往往是基于算计和得失间的衡量，产生的情感和信任反应平平，得到"市场"份额而少有"心"份额。

(a) 对等关系　　　　　　　　(b) 时间关系

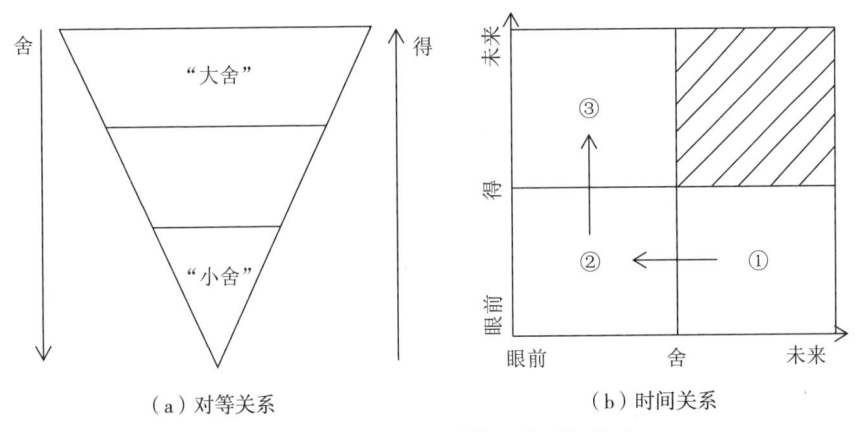

图 5-1 "舍得"的对等关系和时间关系

资料来源：笔者整理绘制。

在上述"舍得"内涵及特征梳理的基础上，结合研究内容，本讲对企业"舍"的行为内涵做进一步界定：产品质量危机背景下，企业领导个人或其管理团队出于市场（消费者）、社会（公众）甚至自然（资源生态）的考虑，以牺牲企业的利润、物资、土地、人员等生产要素为代价，向外做出的单方、双方或多方互动的决策行为，以换来眼前或未来不确定是否对等的企业经济绩效和社会绩效。其中，在企业舍的内容的重要性或舍的程度方面，"大舍"指远远超出顾客事前的期望，属于意料之外的非常规决策行为；"小舍"指符合或略微超出顾客事前的期望的常规决策行为。关于"大舍"的"度"在哪里？首先，按照市场收益、成本和风险的逻辑，"大舍"的"度"在于企业最大的承受能力。否则，企业因此破产也是不现实的。其次，因人而异，每个决策者的理解及处境都不一样。最后，若超出企业的最大承受能力，"大舍"能否产生起死回生的效果也未可知。

四、危机情境下"大舍"和"小舍"的比较分析

世间万象瞬息万变,面对复杂多变的内外部环境,品牌危机时有发生。为此,管理者需要做出及时应对,否则,无论是"大舍"还是"小舍",其效果都将大打折扣。究竟选择"大舍"还是"小舍",取决于管理者的决策水平。有的人心里想的是顾客,全盘考虑社会和国家利益,敢于担当,勇于负责,所以看到危机中的"机",能做出"大舍"的应对行为,真正化危为机;而有的人心里只有自己,畏缩不前,缺少勇气和魄力,所以只看到危机中的"危",常常做出"小舍"的应对行为,动机不过是就事论事和息事宁人。看到"机",产生动力;看到"危",产生压力。"机"和"危",动力和压力,一念的区别,其做出的选择却截然不同:"大舍"和"小舍"。

"大舍"主要指在发生品牌危机时,舍的内容的重要性或舍的程度远远超出了顾客的期望。研究表明:当企业在顾客满足的需求基础上给予一些意外刺激,或超出顾客期望时,会让顾客感觉到惊喜,进而提高顾客的满意度和忠诚度。因此,品牌危机情境下,企业"大舍"行为不仅能够填补危机给顾客与品牌间带来的鸿沟,修复品牌危机给顾客带来的心理创伤,还能化危为机,在此基础上进一步打动、感动甚至是征服顾客的"心",体现为顾客品牌信任和品牌情感的提升。所以,在感性带动理性的情况下,后续过程中品牌得到的"利",即顾客对品牌的正面评价和再购意愿给企业带来的利益,将有可能是"无限"的、难以衡量的。因此,在危机情境下,决策者只有做出"大舍",留下"大故事"和长久的"印象",才能成为"大人",体现"大德"。

而"小舍"主要指企业舍的内容的重要性或舍的程度只是符合了顾客的期望而已。如此,所谓"得心"最多也只是勉强填补了危机给顾客与品牌间带来的鸿沟,大致修复了品牌危机给顾客带来的心理创伤,一

定程度上恢复了顾客的品牌信任和品牌情感，但并不能让顾客产生比先前更加强烈的信任和情感。所以，在理性缺乏感性带动的情况下，后续过程中品牌得到的"利"，即顾客对品牌的正面评价和再购意愿也是非常"有限"，且效果可以预见的。为此，我们认为：品牌危机情境下，决策者越是"大舍"，越能得到顾客的"心"（即越能够修复并提升顾客对品牌的信任和情感），进而企业就越能得到更多的"利"（即顾客对品牌评价的提升和再购意愿的增强）。

五、危机情境下天灾和人为的比较分析

品牌危机发生后，顾客会自发进行责任归因，结论无外乎分为两个方面：内因（人为）和外因（天灾）。内外的边界在于企业以及事件的发生源是否可控。内因指危机事件发生源在企业内部，是可控的，视为"人为"；外因指危机事件发生源在企业外部，是不可控的，视为"天灾"。近年来，自然环境的状况日益恶化，加之网络媒体的放大效应，无论是人为还是天灾给品牌带来的危机似乎越来越多。

面对内因带来的品牌危机，不少企业采取沉默、辩解和否认等各种沟通策略，并且也有理论研究表明上述策略具有一定的效果。然而，危机事件的发生源毕竟是企业内部，是可控的，并非不可控的天灾，因此，顾客会认为品牌危机产生的原因可能是内部管理不善，未能正"心"诚"意"。既然犯了错，就应该为自己的行为负责，并承担相应的责任。因此，与外因相比，当品牌危机的责任归因于内部因素时，顾客会认为企业更应该承担责任。在这种情况下，企业"舍得"的程度对"得心"的影响将相对较小。

而面对外因带来的品牌危机，不少企业采取推卸责任的做法，且理论研究也表明：与内因相比，当危机事件源于外因时，顾客更容易原谅

涉事品牌。结果是涉事品牌不再对顾客做出补偿（即"不舍"），或者是仅仅给出不尽如人意的弥补（即"小舍"）。殊不知，如果企业做出"大舍"行为，将更能体现敢于担当、勇于负责的态度。因为"冤有头债有主"，面对外因所带来的品牌危机事件，顾客会认为企业不应该承担责任，对企业补偿预期较低。若在此时企业能够一反常态，做出"大舍"行为，将会给顾客带来意外的惊喜和感动。为此，我们认为：当危机归因于外（内）时，企业"舍"的行为对得"心"（即修复并提升顾客对品牌的信任和情感）的正向影响将被加强（减弱），进而对企业得"利"（即顾客对品牌评价的提升和再购意愿的增强）的正向影响也被提高（降低）。

六、消费者对危机情境下"大舍"、"小舍"和"不舍"的反应

（一）访谈基本设计

访谈目的和过程：验证前文对"大舍"和"小舍"的界定，测量被试如何理解"大舍"和"小舍"；收集被试在商家做出"大舍"或"小舍"行为之后的反应，针对产品和品牌从情感和信任两个方面进行询问；请被试对商家的"大舍"或"小舍"行为做出评价；最后询问被试购买该品牌产品的意愿。简言之，本研究试图初步测试"大舍"和"小舍"的分类界定是否准确，以及本讲研究模型的主线是否成立。为了能够充分收集信息，在访谈中设置了"大舍"、"小舍"和"不舍"三类品牌危机应对行为。访谈由5名市场营销专业硕士研究生完成，每位被试访谈时间平均为30分钟，共计访谈了14名消费者。其中，提到"大舍"的有6人、"小舍"的有4人、不舍的有4人。被访谈者的地域分布主要在湖北省、北京市、河南省、甘肃省、深圳市。

（二）访谈步骤

首先，询问被试：当品牌危机发生后，在商家应对处理的过程中，

请描述一个您认为商家"大舍"、"小舍"或"不舍"（任选其一）的事件，并讲清楚事件发生的时间、地点、人物以及来龙去脉。其次，您为什么会认为该事件中商家的行为属于"大舍"、"小舍"或"不舍"？您对此是怎样的心理反应？再次，在商家"大舍"、"小舍"或"不舍"的行为之后，您还信任该品牌的产品质量吗？您还认为该品牌是个诚实的品牌吗？您还喜欢这个品牌吗？当您再次使用这个品牌时，感觉是否依然很好？最后，您对该商家"大舍"、"小舍"或"不舍"的行为作何评价？您对该商家或者该品牌又作何评价？在经历此次事件之后，您是否还会购买该品牌的产品？

（三）访谈总结

第一，"舍"的划分类型。被试对"大舍"的陈述主要集中于"企业原本可以不这么做、成本高、意外"等方面；对"小舍"的陈述主要集中于"缺少魄力、应该这么做、部分召回"等方面；"不舍"更多表述为"不愿赔偿、不敢正视、不愿负责"等方面。这与前文对"大舍"和"小舍"的界定核心内容是一致的。第二，消费者对不同类型"舍"的情感和信任反应。"大舍"之后，消费者认为品牌"有责任、有担当、符合道义，更加信任"；"小舍"之后，消费者认为品牌"可以理解、接受、不再喜欢、诚信出了问题"；"不舍"之后，消费者认为品牌"不明智、因小失大、自杀式的处理方式、不会喜欢、一定不会信任"。第三，再购意愿的反应。"大舍"之后，消费者对品牌依然会购买；"小舍"之后，消费者对品牌可能会购买；"不舍"之后，消费者对品牌再也不会购买。由此可见，访谈资料的内容分析基本符合研究主线的逻辑。除此之外，本讲还发现品牌危机应对的及时性和公开性、品牌身份（本土与外资）、品牌强势程度、事件卷入度、品牌危机严重程度、被试以往的品牌危机经历等因素，可能在其中发挥着影响作用。

七、危机情境下"舍得"的研究价值

第一,界定了"舍得"的定义和内涵。通过"舍得"相关文本条目的收集整理和专业学术团队的多次充分讨论之后,本讲从"舍得"的主体、"舍得"的内容、"舍得"的方向、"舍得"的对等关系、"舍得"的时间关系、"舍得"的过程六个方面,对"舍得"做了清晰的界定。接下来,进一步通过定性和定量的方法对"舍得"行为的过程、机制和边界条件开展了深入研究。与以往学者品牌危机具体应对策略研究相比,本讲"舍得"行为的探讨显得更具战略的抽象性,更富有本土文化涵义,而且能够涵盖营销实践中品牌危机应对策略的多样性和复杂性。

第二,分析了舍、得心、得利之间的过程。品牌危机情境下,决策者越是"大舍",越容易得到顾客的"心"(即顾客越容易修复并提升品牌信任和品牌情感),进而企业就越能够得到更多的"利"(即顾客对品牌评价的提升和再购意愿的增强)。这一点在以往学者的研究中,大多从顾客对品牌信息的认知和情感两条线进行分析,或从外在面子等视角展开论述,而本讲更加突出得心的重要性,得心解开了品牌危机中当事人与顾客的心结。

第三,探讨了归因内外(人为与天灾)的边界条件。品牌危机情境下,与危机归因于内(人为)相比,当危机归因于外(天灾)时,不论是"大舍"还是"小舍",企业的舍对得心(品牌信任修复和品牌情感修复)的正向影响将被加强,进而顾客对企业得利(品牌评价和再购意愿)的影响也被正向提高。

八、危机情境下"舍得"的管理启示

第一,品牌危机情境下,大舍大得,小舍小得,不舍有失。危机情境下,舍最能体现决策者的勇气和魄力。因为舍与得之间没有法律

契约为基础，导致两者间关系和时间间隔都是不确定的。所以，舍的程度完全取决于决策者对因果的认识和同理心的理解，"大舍"之后，市场上将留下品牌危机情境下决策者应对处理的"故事"，在互联网技术的推动下，这样"壮士断腕"的故事易于广泛传播且被放大，最终将提升品牌的声誉和形象，并转化为销售绩效。一句话，"故事创造效益"。而"小舍"很难在市场上留下"印记"，发出响亮的声音，易于被纷繁复杂的市场信息淹没，难以形成良好的声誉和形象。一个企业就是一个人的精气神，有什么样的将军，就有什么样的兵。因此，品牌危机情境下的应对管理，看似是具体职能部门的决策，实则反映领导人的意识、精神和价值观导向。

第二，得人心者得天下。"大舍"的应对管理，往往能够意外地超出顾客的期望，进而征服顾客的心，得到的是"心份额"；而"小舍"的应对管理，却只能符合顾客的正常期望，得到的是"市场份额"。与"符合"相比，"意外地超出"显然更能够征服顾客的心，显然忠诚度会更高。"天下"的范围要比目标市场更大，一旦有了"大舍"的故事，目标市场和非目标市场的顾客，以及现实的或潜在的目标顾客听闻之后，势必会提高他们对品牌声誉和形象的评价，得到的是"缘份额"。最终形成"合内外之心，成巩固之业"的局面。并且，经过这样的处理，品牌危机的心结不仅在品牌成长历程中解开了，而且在顾客心中也解开了。反之，如果是"小舍"，只是符合顾客的期望，而不能打动或感动顾客的心，其结果除了不能解开心结之外，也难以广为流传，提高品牌声誉和形象。因此，得道者多助，失道者寡助；大舍得道，小舍失道。

第三，情系顾客，敢于负责，勇于担当。营销实践中，品牌的成长和经营面临着复杂多变的内外部环境，难免会出现由人为或天灾引起的危机事件，重要的是当危机出现时如何恰当处理，化"危"为"机"。从顾客的角度来看，当他们遇到品牌危机事件时，就会根据所接触到的信息，自然、自发地进行责任归因。且研究表明：与人为相比，如果是天灾导致的危机事件，顾客会更容易原谅肇事品牌。而本讲研究结果进一步显示，与人为相比，如果是天灾导致的危机事件，当品牌应对行为舍的程度越大、越强的时候，越能体现情系顾客，敢于负责、勇于担当的精神，企业所获得的"心份额"和"市场份额"越高。如此能够突出"人和"的重要性，才能顺利地化"危"为"机"。

做出"大舍"、"小舍"或"不舍"的决策，其实就是一"念"的区别，正是这一念，有的人想到的是"自己"，看到的是"危"，产生压力；而有的人想到的是"他人"，看到的是"机"，结果高下立判。回首过往，人们所受教育中，如何"得"似乎一直是永恒的主题；而如何"舍"，尤其是"大舍"，却相对较少讨论。"舍"侧重体现情商，"得"侧重反映智商。在品牌危机情境下，如何培养决策者"大舍"的信念和思维呢？本讲认为还是要从中国优秀的传统文化基因中去寻找答案，它们主要分布在三个方面：一是文献典藏，二是历史古迹，三是社会习俗。作为企业的决策者，要明白自己的决策落在哪个区间：是舍未来得眼前，舍眼前得眼前，还是舍眼前得未来。如果选择前两个区间，那么企业的路将会越走越窄；如果是最后一个，相信企业的路会越走越宽！

《道德经》第四十章讲道："反者，道之动，弱者，道之用。天下万物生于有，有生于无。"其译文如下。循环往复的运动变化，是道的运动，道的作用是微妙、柔弱的。天下的万物产生于看得见的有形质，有形质又产生于不可见的无形质。品牌危机中的"舍得"智慧恰与此道相合。企业面临危机时，"大舍"看似示弱，实则顺应"道"之循环：舍弃短期利益，以柔弱姿态化解危机，恰似"弱者道之用"。此举虽舍物质之"有"，却赢得消费者情感共鸣之"无"，最终反哺品牌声誉，实现"有生于无"的转化。企业决策者当悟此理，以"大舍"之心培育品牌韧性，方能在危机中孕育新生，实现可持续发展。

第六讲
本土品牌异化：如何治理假洋品牌

本讲主要研究假洋品牌存在的影响因素及其治理。从学术背景来看，假洋品牌与外国品牌化（foreign branding）和仿洋品牌的表达比较接近，它们之间的区别是什么呢？中国市场上为何会出现假洋品牌？一旦假洋品牌的身份被揭穿，就会对涉事企业甚至整个业界类似的品牌造成信任危机，那么，从宏观层面来讲，该如何治理假洋品牌呢？基于此，本讲以中国消费者的网络帖子评论为数据资料进行分析，结合内部任务环境和外部制度环境，归纳出假洋品牌的存在及其治理主要体现在经济绩效、制度绩效、道德形象和认知维度四个维度，具体每个维度都包括哪些方面呢？且看本讲内容。

一、实践中假洋品牌事件及问题描述

从认知角度来看，假洋品牌的来源国形象提升了消费者对产品整体质量和不同属性（如可信赖性和耐用性）的质量感知，并且可以作为产生溢价的一种信号或线索；从情感角度来看，假洋品牌的来源国形象能够提升产品的象征性和情感性价值相关联的属性，包括社会地位和消费者对他族的态度。因此，有不少企业模仿洋品牌，试图从中获得市场利益，尤其是在三、四线城市以及乡镇市场，在家具、服装、奶粉等行业问题更加突出。可它们的身份一旦被揭露，就会给企业带来比较大的信任危机，那么，我们应如何从根本上进行治理呢？

为此，我们查阅了相关文献，在营销实践中，假洋品牌是一种通俗的说法，学术研究中与之相近的表达是外国品牌化和仿洋品牌。两者都强调在本土文化背景下，对品牌形象的塑造和宣传，让本土消费者感觉到该品牌看起来是外国的。其共同特征为：在"里"的方面即品牌内在的"质"（产品质量），与来自西方发达国家真正的洋品牌相近；在"表"的方面即品牌外在的"形"，借助营销策略模仿真正的洋品牌。由此可见，来源国效应在其中起着关键作用。对此，以往研究可分为三类：纯粹趋利视角，站在来自发达国家品牌的立场，研究企业应如何凸显来源国正面效应；纯粹避害视角，站在来自发展中国家品牌的立场，研究企业应如何削弱来源国负面效应；综合趋利避害视角，通过外国品牌化和仿洋品牌形象的传播，最大化品牌来源国形象的正面效应。

然而，这些研究多侧重于"术"（趋利避害的策略）的层面，而非"道"（来龙去脉的根本）的视角，既未能探讨什么是仿洋品牌，什么是假洋品牌，也未能对假洋品牌为什么存在及其如何治理进行全面系统的回答。与此同时，营销实践中，有些企业也并未真正理解外国品牌化和仿洋品牌所存在的根本问题。因为这些概念是从洋品牌的实践模仿者和学术研究的理论工作者视角给出的定义，从消费者的视角来看，对它们的理解和界定又是什么呢？当来自发展中国家的某本土品牌通过注册地、生产地、组装地、品牌宣传和传播等各种手段，以发达国家品牌的风格和形象展示、传递给本土消费者，但在产品后续的消费和使用过程中，该品牌的来源国真实身份被揭穿，在产品质量、价格和形象等属性方面，与消费者大脑中所参照的外资品牌期望存在较大不一致的感知，而这种不一致超出了消费者的容忍度，产品就会由"仿"转变为"假"，最终使消费者产生被欺骗的感觉。这类品牌在本讲中被界定为假洋品牌。

由此可见，以往研究虽然从"术"（趋利避害的策略）的层面部分解释了假洋品牌出现的原因，但并未从"道"（来龙去脉的根本）的视角系统深入分析假洋品牌在中国市场存在的影响因素，以及又应如何从这些因素着手展开治理等问题。基于此，本讲围绕假洋品牌的概念界定、存在影响因素及其治理展开分析。研究结论不仅对品牌来源国相关理论做出了有益的补充，还能为假洋品牌的治理以及国家品牌战略的实施提供重要的参考和指导。

二、理论上假洋品牌的来源及概念界定

品牌来源国因有发达国家和发展中国家之分，所以对产品销售会分别产生正面和负面效应。对此，企业可以通过外国品牌化和仿洋品牌形象传播，尽可能将来自发展中国家品牌的来源国负面效应转化为正面效应。其中，外国品牌化或仿洋品牌就是暗示的来源国（发达/发展中）与实际的来源国（发达/发展中）不一致而造成的。在此基础上，根据产品质量（优/劣）和形象宣传（仿/真）的组合，并结合消费者对真假洋品牌之间质量差距的容忍度，对假洋品牌概念做进一步界定，并对以往研究展开评价分析。

（一）品牌来源国形象

来源国形象是商家和消费者对来源国产品的图像、声誉和刻板印象的整体感知，由国家形象、政治经济背景、历史和传统文化等要素组成，与大量的沟通、个人经验、该国家的意见领袖等相关。随着企业设计生产销售的全球化，理论研究开始出现原材料来源国、制造来源国、设计来源国、组装来源国、品牌来源国等概念。但研究表明：在这些来源国类别中，品牌在全球市场的影响力日益增强，导致其在消费者购买决策中的影响力远大于原材料、制造、设计、组装等来源国。

品牌来源国即品牌的出生地，属于先天因素。研究表明：与来自发展中国家的品牌相比，来自发达国家的品牌普遍会让消费者产生更高的质量感知，认为其具有更高的名望地位，更现代、更时髦，具有更强烈的理想，以及代表成为国际消费文化的一员。如此看来，来源国形象对来自发达国家/发展中国家的品牌来说是相对有利/不利的。于是，开始有学者关注如何削弱品牌来源国形象给企业产品销售带来的负面影响。例如，来源国效应是否发生及其作用大小，很大程度上取决于产品内在信息的易获得性、可诊断性以及可信度；在启动分析性思维后，来源国信息（难/易）和产品信息呈现方式（难/易）的不同组合，将会不同程度地削弱品牌来源国形象的负面作用。因此，在理论研究的指导下，作为本土品牌，为了能够最大化品牌来源国形象的效用，外国品牌化和仿洋品牌的营销策略成为它们的选择。

（二）外国品牌化

实际上，在企业全球化的进程中，品牌来源国形象的处理有两种路线：外国品牌化和本土品牌化（local branding）。外国品牌化前文已有定义，此处不再赘述。本土品牌化指外国品牌在形象塑造和宣传过程中，采取本土思维和本土语言，以符合本土文化特征的方式进行品牌营销实践，让本土消费者感觉到该品牌是本国的。外国品牌化主要是来自发展中国家品牌采取的策略，目的是从消费者认知视角，实现品牌来源国形象对产品质量感知的正面作用；而本土品牌化则主要是来自发达国家品牌采取的策略，目的是从消费者情感视角，加强品牌来源国形象对象征和情感价值的正面作用。

假洋品牌正是外国品牌化这条路线衍生出来的，仿洋品牌名称会让消费者联想到与西方文化相关的词汇。但并未有学者对仿洋品牌给予清晰的界定，仅仅是列举美特斯邦威、可比克、索芙特等品牌加以说明。也有国外学者将品牌来源国信息（暗示/实际）与国家类别（发展中/发达）进行组合［见图6-1（a）］，研究发现：与实用产品相比，当品牌暗示的来源国和实际的来源国不一致时，将会更大限度地降低消费者对享乐产品的购买意愿。与图6-1（a）中的第④象限相比，图6-1（a）中第②象限的来源国形象不一致，将会更大限度地降低消费者的购买意愿。

（三）评价分析

与以往研究相比，本讲内容的差异主要体现在以下几方面。第一，以往学者多侧重于"术"层面的研究，即对品牌来源国趋利避害策略的探讨；而较少从"道"的视角分析，即探讨假洋品牌来龙去脉的根本。第二，仿洋品牌、品牌实际来源国和暗示来源国的研究，侧重于围绕品牌的形象宣传。界定仿洋品牌的前提是产品质量相对优［见图6-1（b）第②象限］，是指该品牌身份未被揭穿，即便揭穿，在产品质量、价格和形象等属性方面，与消费者大脑中所参照的外资品牌期望不一致的感知，还在消费者的容忍度范围之内［见图6-1（c）的上半部分］。而关于假洋品牌的界定，虽然在"表"的方面与以往研究相似，但在品牌"里"的方面与以往研究界定不同，即假洋品牌［见图 6-1（b）第③象限］的"里"相对劣，是指该品牌身份被揭穿，在产品质量、价格和形象等属性方面，与消费者大脑中所参照的外资品牌期望不一致的感知，超出消费者的容忍度，就会由"仿"转变为"假"，最终使消费者产生被欺骗的感觉［见图 6-1（c）的下半部分］。第三，以往学者对外国品牌化的研究前提假设认为：仿洋品牌、品牌实际来源国和暗示来源国的不一致，都是企业品牌营销的正当策略和手段。而本讲认为在品牌"里"较差的情况下，继续走外国品牌化的路线，容易误入歧途。因为我们收集的资料显示：大部分消费者认为假洋品牌的市场操作属于不正当、不道德，甚至是不合法的品牌营销手段。尽管如此，这种不良现象和积习在中国局部市场仍阶段性存在着。因此，亟须将中国特有的任务环境和制度环境因素作为研究情境纳入假洋品牌科学研究的范畴，从系统深入长远的视角，找到治理假洋品牌的方向。

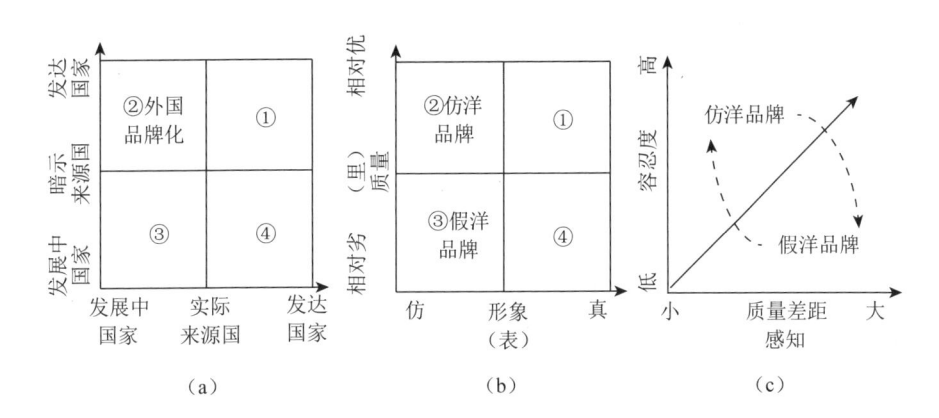

图 6-1 假洋品牌概念的理论推导以及与仿洋品牌的区别

三、消费者对假洋品牌评价的数据收集与分析

（一）数据收集

以往学者对外国品牌化的研究与假洋品牌的界定存在根本区别，且基本采用定量分析的方法，这样的研究受多种边界条件的限制，无法对假洋品牌存在影响因素及其治理进行全面系统、完整的诠释。因此，在这种情况下，鉴于网络评论具有覆盖面广，参与者可自愿匿名发言，群体性思考、可保存性等优势，考虑采集中国消费者对假洋品牌进行评价的网络帖子进行数据分析。为了使这些样本紧扣研究主题，反映研究问题的本质，在对样本进行筛选时，遵循4条标准。第一，时间跨度方面，既要保证样本充足，又要保证样本的时效性。因此，在收集选取样本帖子时，将时间限定为2010年1月1日—2017年12月31日。第二，样本来源方面，要确保来源的广泛性，既要有来自官方性质的网络平台上的正式、严肃的评论，也要有来自非官方社交娱乐平台上的非正式性言论。第三，涵盖行业方面，要求尽可能多地涵盖不同行业及品类的产品，如家具、服装、奶粉、食品等。第四，评论性质方面，为了获取全面优质的信息构建理论，要求具有不同矛盾点的帖子，即要有正面、负面和中立的观点。

以"假洋品牌""假洋牌""假洋鬼子"等作为关键词通过百度进行搜索，主要针对的是专题、热帖和专家访谈，在国内5家知名的门户网站和社交网站（见表6-1）上进行样本挖掘，获得了175条帖子（含2814条跟帖评论）。之所以选择这5家网站，是因为它们各具代表性，且网民活跃度高，能够很好地满足上述4条标准，可保证样本的完整性、及时性、多样性和科学性。

表 6-1 样本网站情况介绍

代码	网站名	网站介绍	帖子数/条	评论数/条
A	凤凰网	中国领先的综合门户网站,提供含文、图、音、视频的全方位综合新闻资讯、深度访谈、观点评论、财经产品、互动应用、分享社区等服务	20	466
B	新浪财经	提供7×24小时财经资讯及全球金融市场报价,覆盖股票、债券、基金、期货、信托、理财、管理等多种面向个人和企业的服务	45	628
C	网易财经	新闻报道以内容整合、网友互动、主动出击为核心链条,为网友提供宏观、股票、商业、理财等财经领域的终结式报道	43	717
D	天涯社区	一个在全球具有影响力的网络社区,提供论坛、部落、博客、问答、文学、相册、个人空间等服务	36	683
E	中新网	以中新社原创新闻资讯优势见长,属中央级重点、权威网络媒体,快速、准确提供文字、图片、视频等多样化资讯服务	31	320

资料来源:笔者根据收集资料整理。

(二)数据分析

第一,对比较简单的评论(如只有"赞""好""活该"等)予以删除。第二,对与主题无关的评论(如灌水、打广告、发泄心情等)予以删除。第三,对没有实际内容,毫无贡献价值的评论(如一味地抱怨谩骂的帖子)予以删除。第四,对非观点评论(如直接复制粘贴他人的评论)予以删除。第五,得到有效帖子159条(含有效评论1640条),其中随机选取2/3(106条)的帖子作为模型构建使用,另外1/3(53条)作为理论饱和度检验。有关开放式编码和主轴编码的过程,可以参阅我与龚宇、聂燕在《南开管理评论》2019年第6期发表的《假洋品牌概念界定及其存在影响因素的扎根研究》一文。

四、假洋品牌存在的影响因素

结合研究目的，我们通过归纳得出主范畴：假洋品牌存在影响因素及其治理框架（见图6-2）。它们由内部的任务环境（经济绩效）和外部的制度环境（制度绩效、道德形象和认知维度）共同构成。

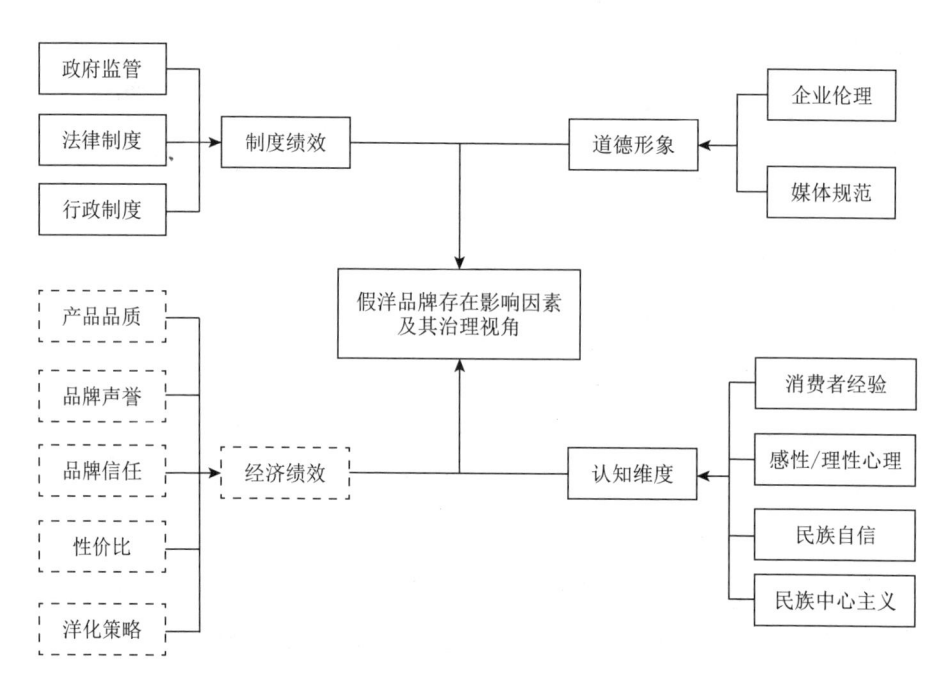

图6-2 假洋品牌存在影响因素及其治理框架

注：虚线反映的是任务环境下的传统组织理论，实线反映的是制度环境下的制度理论。

（一）制度绩效

政府监管是指当假洋品牌出现不当行为，消费者会将部分原因归结为政府部门监管不严以及工作人员执法不力。法律制度是指面对假洋品牌的出现，消费者也会从法律制度上进行归因，认为是立法不严导致的，并要求对假洋品牌的不当行为予以法律制裁。行政制度主要指三个方面：第一，关税过高导致洋品牌价格居高，消费者转而将假洋品牌作为替代产品满足自身需求；第二，上市制度审控不严使部分违规操作的假洋品牌上市发展；第三，相关部门制定的产品质量标准过低，放松了对假洋品牌的质量要求。

（二）经济绩效

产品品质指消费者对国产品牌、洋品牌和假洋品牌产品质量各个属性维度的综合比较感知。对国产品牌、洋品牌和假洋品牌，消费者都持有负面和正面两种不同的评价。品牌声誉方面，假洋品牌的声誉主要来自洋品牌的光环效应的辐射，加之消费者对假洋品牌来源国的困惑。国产品牌的声誉则有好有坏，同样消费者对洋品牌及假洋品牌的声誉也是褒贬不一的。品牌信任指消费者对本土品牌的不信任以及对洋品牌、假洋品牌的信任和依赖，同时还包括消费者在购买过程中认定品牌这一心理因素。性价比是指消费者对假洋品牌性价比、成本、收益的看法。洋化策略是指假洋品牌吸引了消费者，迎合、满足了消费者，是一种多元化经营方案。

（三）道德形象

企业伦理是指部分假洋品牌虚假宣传，欺骗消费者，牟取暴利，道德沦丧，让消费者对假洋品牌产生了负面的道德印象。媒体规范一方面指媒体管控不严，对假洋品牌及其宣传内容不加审核就予以传播；另一方面是指代言人责任缺失。

（四）认知维度

消费者经验是指消费者对假洋品牌的辨别能力。感性/理性心理涵盖了诸如虚荣心、炫富心理、理性心理等心理因素。民族自信具体体现在民族自尊、民族自信、民族自强的缺失。民族中心主义具体包括两个方面：一方面指要支持国货，支持民族品牌；另一方面指假洋品牌的实质也是本土品牌，也要予以支持。

五、假洋品牌存在影响因素及其治理的理论抽象与回归

结合传统组织理论和制度理论，从内因——任务环境和外因——制度环境两个方面，对假洋品牌存在影响因素及其治理框架进行理论抽象与回归。

（一）假洋品牌存在的理论基础

事物存在的状态常常来自内因和外因的共同作用。外因的理论基础主要体现在制度环境方面，制度理论作为一种适合捕捉转型经济中本土情境特征的研究视角，受到越来越多学者的推崇。其重要组成部分包括规制、规范和文化认知三个层面。

规制层面涉及政治体制、法律和政府的作用。具体而言，即建立正式条例，并使社会成员的行为规范符合正式条例，如有必要，予以制裁的能力；也包括非正式的管制系统，如商业制度、行业法则等。

规范层面是关于是非对错的道德判断，包括在社会上约定俗成的、评价性的、强制性的维度，也包括价值和惯例。它不仅规定了目标（例如获取利润，爱国），还设定了为实现目标应采取的具体措施（例如公平的生意法则，本土产品的购买）。

文化认知层面包含两个要素：文化和认知，主要指文化上被支持的信念、态度、习惯和行为。它认为外部的文化框架塑造内部的解释过

程，强调认知结构或图式对个体行为的影响，认为个体之所以做某件事情，只是因为他们觉得"我们都是这样做的"。例如，见面握手被认为是理所当然要做的事。

（二）理论的抽象与回归

一个组织或品牌的存在与发展，一方面取决于内部对未来理想状态或经济绩效的追逐，另一方面取决于它的价值和行为是否与外部社会的价值与期望相一致。基于此，对理论模型建构进行抽象和回归，如图6-3所示。在任务环境中，经济绩效体现在两个方面。一方面，企业看到假洋品牌能够最大化来源国形象的正面效应，并且能够提升消费者对产品质量感知，产生溢价等有利的作用。另一方面，在消费者对假洋品牌辨识能力不足的情况下，对其产品的性价比感知并不完全负面，同时对假洋品牌的宣传使消费者将其误认为是一种正当的营销策略。

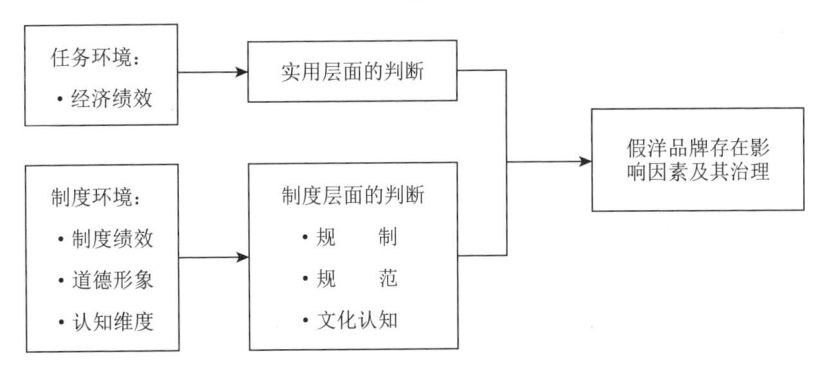

图 6-3 理论模型建构的抽象和回归

在规制层面中，制度绩效当中存在的问题，具体体现在政府监管、法律制度和行政制度三个方面，基于多种原因在某种程度上对假洋品牌的监管出现了盲点。在规范层面中，假洋品牌企业伦理的缺失，不良媒体和代言人的虚假宣传，一旦曝光，使假洋品牌的形象大打折扣。就规范层面而言，假洋品牌的存在是不合理的，这也解释了为何会有大量的负面态度以及抵制和反对的行为。在文化认知层面中，充斥着对消费者非理性认知的批评，以及对民族自信不足的批判，从另一个角度来看，正是消费者这种认知心理助长了对假洋品牌的需求，扩大了假洋品牌的市场。

综上所述，假洋品牌的存在不仅取决于内部任务环境下对经济绩效的追逐，还取决于外部制度环境的制度绩效、道德形象和认知维度三个方面。经济绩效对应的是实用层面的判断，这种实用一方面是对企业而言，一方面是对消费者而言。制度环境下的三个方面：制度绩效对应的是规制；道德形象对应的是规范；认知维度对应的是文化认知。总体而言，实用层面和制度层面的判断最终共同构成了假洋品牌在市场上存在及其治理的基础。

六、假洋品牌存在影响因素及其治理研究的理论价值

第一，不同于以往站在企业视角对外国品牌化和仿洋品牌的界定，本讲从消费者感知视角出发，对假洋品牌的概念进行了界定，更进一步引出了质量感知差距和容忍度等新的学术内容。目前，关于假洋品牌规范的学术定义还很少见，在对外国品牌化和仿洋品牌相关文献梳理的基础上，本讲对假洋品牌的定义给予了规范的学术界定。这一界定是在文献推理的逻辑基础上建立的，首先由来源国效应引出暗示的来源国效应和实际的来源国效应，然后结合发达国家和发展中国家进行四象限的划分。在此基础上，站在企业的视角，引出品牌内在的里子（产品质量）和外在的形象（形象宣传）因素，提出外国品牌化和仿洋品牌的界定标准。因此，假洋品牌学术概念的提出，是一个从无到有的创新，将成为

后续学者研究假洋品牌的铺路石，为假洋品牌学术研究拉开序幕。

第二，不同于以往来源国形象构成要素的研究结论，本讲在制度绩效和经济绩效两个维度的构成要素方面，做了进一步的细化、深化和拓展，并明确提出道德形象和认知维度两个新的构成维度，发现了媒体规范、民族自信、感性/理性心理等新的要素。根据传统组织理论，内因主要体现在经济绩效，包括产品品质、品牌声誉、品牌信任、性价比、洋化策略五个要素，消费者在购物时，他们会据此判断假洋品牌的经济绩效和价值。根据制度理论，外因主要体现在制度绩效、道德形象和认知维度三个方面。制度绩效包括政府监管、法律制度和行政制度，道德形象包括企业伦理和媒体规范，认知维度包括消费者经验、感性/理性心理、民族自信和民族中心主义。

这个方面的研究结论，不同于以往学者关于来源国形象构成要素的研究，在制度绩效方面，将以往国家制度细化为政府监管、法律制度和行政制度三个方面；在经济绩效方面，比以往研究多发现了一个构成要素：洋化策略。除此之外，本讲还发现了两个新的维度——道德形象和认知维度，具体理论贡献体现在媒体规范、民族自信、感性/理性心理等要素方面。可以说在理论贡献方面，本讲对以往研究做出了进一步的深化和细化，凸显了中国文化和道德情境下对人心和情感的独特观察。

第三，将传统组织理论和制度理论应用于假洋品牌存在的影响因素分析，这一做法潜在的理论贡献就是繁衍，也就是扩大了理论应用的范围，在检验理论普适性的同时，本讲有关假洋品牌的研究反过来也促进了传统组织理论和制度理论的演绎。从营销实践上来看，假洋品牌的存在无疑是中国市场阶段性问题的一种具体呈现，也是一种不良现象和积习。假洋品牌为什么会存在呢？找到这些影响因素也就是找到了中国市场的国情，这种独特的营销实践现象背后对应的独特的理论解释，就是本讲与以往的不同，也是本讲的理论贡献。本讲发现：假洋品牌的存在是企业和消费者在任务环境和制度环境下的综合感知，它们取决于消费者对制度绩效、经济绩效、道德形象和认知维度这四个维度所持的总体态度，以及相互间的容忍和平衡。

七、假洋品牌存在影响因素及其治理研究的现实意义

第一，从"德"（道德形象）来看。改革开放以来，随着经济的飞速发展，物质文明得到极大提升。在诱人的利润面前，有些商人忘记了企业经营最基本的社会责任和做人的底线，常常以外部环境问题和企业成本增加为借口，从事不道德经营行为，假洋品牌就是很好的例证。人们常说：厚德才能载物。没有德如何载物呢？实际上，德治是根本，假如今天市场上的每一位商人和消费者，都能够按照古人所说的修身和诚意正心来要求自己，整个社会就能实现人人意真诚、心纯正、自我道德完善的目标，试问假洋品牌还会出现吗？而这其中，比较重要的是，思想、言论和行动要一致，不仅要思考和表达，更要行动到位。

第二，从"知"（认知维度）来看。无论是商人经营假洋品牌，还是消费者购买假洋品牌的做法，从根本上来讲就是认知的问题。《大学》中提到："欲诚其意者，先致其知。"知什么呢？在这里主要指市场规律和事物的本质。在帖子评论中，假洋品牌的出现反映了民族自尊、文化自信等方面的不足，同时也反映了消费者对品牌象征价值的追求，如身份地位等，以满足自己炫耀、有面子等心理。为什么会出现这两个方面的问题？原因在于假洋品牌的经营者没有深刻理解：一个好的品牌的根本在于满足消费者需求的同时，应该具有内在优异的产品和服务质量。进一步深究就是提供优异产品和服务质量的人，最终还是回到诚意正心上来。

第三，从"法"（制度绩效）来看。中国自古以来就是情理法的社

会，三者的关系如果处理不好，就会出现法理和法治的完善和落实在很大程度上受到情理束缚和约束的局面。而假洋品牌的出现和存在，只能说明在金钱利益驱动下，有些商人法律意识淡薄，或者无视法律的存在。因此，提高法治对市场、社会的治理是当务之急。当代中国正经历着我国历史上最为广泛而深刻的社会变革，法治中国建设在各领域持续推进，并取得很多重要的成果。在互联网信息技术的推动下，可以针对中国市场的法治探索创新手段和方式，将法治的重心逐渐下移，尊重客观实践的多样性和复杂性，对假洋品牌予以惩罚和禁止，秉持着不放过一个不良品牌，也不冤枉一个优秀品牌的原则，还企业和消费者一个公平、公正、干净的市场环境。

第四，从"才"（经济绩效）来看。无论是营销实践还是理论研究，均已证明：中国作为发展中国家，前些年被深深地打上了制造大国、品牌小国的烙印。在国家提倡建立自主品牌，坚持创新、高质量发展等理念的指导下，越来越多的民族品牌在国际市场上获得消费者的认可。但是距离完全摆脱因发展中国家带来的来源国负面效应，依然还有很长的路要走。在这期间，并非所有的商人都能意识到中国制造与来自西方发达国家品牌产品的本质差距在哪里，却一味地模仿外在的"形"。另外，即便品牌内在的质量和外在的形象都好，如果只是照搬或模仿西方发达国家品牌的做法，最后只能成为异己，而非自己。因此，中国企业要坚持走自己的路，做自己。

《道德经》第六十四章讲道："合抱之木，生于毫末；九层之台，起于累土；千里之行，始于足下。为者败之，执者失之。是以圣人无为，故无败；无执，故无失。民之从事，常于几成而败之。慎终如始，则无败事。"译文如下。合抱粗的大树，是由细小如毫毛的萌芽成长起来的；九层高的高台，是由一筐一筐的土堆砌起来的；千里远的路程，是从脚下一步一步走出来的。按照个人意愿做事，将会招致失败，想把东西占为己有，就会失去。因此圣人顺物而为，因而不会失败；不去占有，因而也不会失去。人们做事情，总是在快要成功时失败，如果事情快要结束的时候，也像开始时那样慎重，就不会把事情办坏。

  假洋品牌现象说明企业急于求成，忽视品牌根基建设，仅模仿洋品牌表象，如同搭建空中楼阁。正如"为者败之，执者失之"，这种短视行为终将导致失败。治理假洋品牌需"慎终如始"，强调长期耕耘与持续监管，重视品牌内在质量与文化培育，而非仅靠外在模仿。唯有如此，方能稳固品牌根基，实现长远发展，避免"几成而败之"的遗憾。

第七讲
"薅羊毛"行为：经济理性引发社会失范

本讲主要研究企业定价失误后引发的"薅羊毛"危机。在网络科技环境下，企业或商家在销售政策的制定或策略上，难免会出现一些漏洞或失误，这就会引来"羊毛党""薅羊毛"。本讲以某平台某小果事件为例，结合社会规范理论，归纳出人们在追逐经济利益时的理性行为所引发的社会失范，主要体现在内控和外控两个方面。内控失范主要包括人性道德和企业伦理；外控失范主要包括行业规则和法律制度。当社会规范无法有效约束经济理性趋利行为时，人们的思维开始由规范上升至规律，认为宏观层面的因果规律将会对其产生一定程度的约束和限制。

第七讲 "薅羊毛"行为：经济理性引发社会失范

一、"薅羊毛"事件的问题描述

人非圣贤，面对纷繁复杂而又越来越不确定的外部环境，商家在经营管理过程中难免会出现漏洞或操作上的失误，它所带来的负面影响伴随着互联网技术的发展，会迅速被无限放大。例如，2019年，某平台的某小果旗舰店被曝因价格设置错误，"羊毛党"广泛转发某小果店铺链接，引来大批"薅羊毛"的人，出现大量的恶意下单，导致店铺一度被关闭后，还再度陷入风波。该事件持续发酵半月有余，情节一波三折，引起社会各界广泛关注和争论。从学术角度来讲，"某小果店铺因定价失误而被'薅羊毛'"可归为品牌危机，主要指在经营管理过程中，商家由于自身的失职、失误，或者内部管理工作中出现缺漏等，对品牌自身生存和发展造成威胁，或者对品牌自身形象产生伤害的意外或突发性事件。

虽然以往学者对品牌危机的研究成果浩如烟海，但某小果危机事件却与之不同。最大也是最重要的一个区别在于：以往研究基本上都是从企业品牌这一微观主体出发，就事论事，研究如何通过产品召回、赔礼或赔钱等应对方式，来降低或消除因危机给消费者带来的伤害或负面影响。某小果因定价失误而被"薅羊毛"危机事件并未对消费者造成伤害，反而被"羊毛党"落井下石占了便宜，让商家品牌直接陷入困境。由此引发思考：整个事件中，各方主体尤其是"羊毛党"，对经济利益的理性追逐都引发了哪些方面的社会失范？对这种微观主体犯错所引发的被"薅羊毛"危机，又该如何从社会层面展开系统深入的宏观治理呢？

其中，上述事例中的"薅羊毛"最初指以年轻人为主的群体对银行等金融机构及各类商家推出的一些优惠活动产生浓厚兴趣，并出现这样一批被称为"羊毛党"的人，他们专门收集各个银行等金融机构及各类商家的优惠信息，并在网络和朋友圈中广为传播，这种行为被称作"薅羊毛"。后来，随着营销实践的发展，"薅羊毛"的定义已经越来越广泛，跨出了金融行业的界定，渗透到各个领域，例如，参与美团外卖、饿了么点餐、百度钱包、拼车软件送代金券、免费送话费流量等诸多优惠活动，都可以称为"薅羊毛"。这类行为从学术角度来讲主要指围绕产品或服务营销过程中的价格优惠利益而进行的买卖双方博弈，目前已有学者对此展开研究，主要聚焦于正常情况下买卖双方的平衡博弈，并已取得一些成果。本讲以某小果危机事件为例，与之不同之处在于：以往学者研究大多依托博弈论相关数学模型对买卖双方在常态下的平衡博弈进行推导，而本讲研究则是在卖方定价失误，力量失衡陷入危机情境后，采取文本分析方法，通过大量收集网络帖子和评论，聚焦经济理性引发社会失范这条主线。因此，"薅羊毛"在本讲研究中具体指：商家经营过程中因销售政策、销售信息、网络技术等方面存在漏洞或失误，由此造成消费者针对该商家产生机会主义的逐利行为。

综上所述，无论是从品牌危机还是从买卖双方对定价优惠的博弈来看，本讲研究与以往文献既有着密切的联系，又存在显著的区别。显然，无论从实践还是理论的角度来看，某小果因定价失误而被"薅羊毛"的事件，依然有诸多问题亟待思考、探索和回答：在某小果商家定价失误后，为什么没有人及时告诉其进行补救，反而引来大批"羊毛党""薅羊毛"？某小果商家所在平台商为何会允许这种"薅羊毛"行为的发生？整个事件为何还能一波三折，持续发酵半个多月？某小果定价失误后，对"羊毛党"来说，经济理性是如何引发社会失范的？对于该类事件，人们又该如何从社会宏观层面进行规范和治理？对这些问题的回答，已有文献涉及较少。基于此，本讲拟对某小果因定价失误被"薅羊毛"事件进行质性研究，结合社会规范理论建构经济理性引发社会失范模型。研究结论一方面可以对品牌危机及其治理相关理论作有益补充，另一方面还能为危机背景下"薅羊毛"行为的宏观治理提供全面系统的指导性意见。

二、品牌危机的分类、归因、结果及应对

随着外部环境复杂性和不确定性的增加，品牌危机也越来越呈现高发趋势，逐渐成为理论研究和营销实践关注的热点话题，并取得丰富的成果。结合本讲研究，主要从以下四个方面进行梳理归纳。

（一）品牌危机的分类

分类是品牌危机研究的起点，明确品牌危机的分类是危机应对和治理的前提。从以往文献来看，学者们对品牌危机的分类主要集中在"才"和"德"两个方面。"才"主要指危机发生与产品质量、安全等因素相关；"德"主要指危机发生与社会责任、诚信或道德等因素相关。也有学者采用不同的方法，将品牌危机划分为能力型危机和道德型危机，或者是绩效相关型危机和价值相关型危机。除此之外，也有学者从危机本身的特征展开研究。例如，根据危机的严重程度，可划分为高、中、低三种不同的水平；从危机发生的频次，可划分为频发和偶发两种类型；从发生危机的企业数量来看，可划分为单发性危机和群发性危机；从法律定责的角度，可划分为可辩解危机与不可辩解危机。与以往研究的不同之处在于：某小果事件是因定价失误引发的危机，危机伤害方向是向内的，直接受害者是商家。

（二）品牌危机的归因

归因是消费者处理信息的一种方式，通过分析某件事或某种行为的表现，从而推断和解释事件或行为发生原因的过程。归因理论主要包括三个维度：其一是控制点，就是事件发生的原因是在企业内部还是外部；其二是稳定性，就是事件的发生是频发还是偶发；其三是可控性，

就是事件发生的原因是否可以被控制。在此基础上，研究表明，与内部可控的因素相比，当危机是由外部不可控因素造成的时候，消费者更容易原谅肇事企业，对肇事品牌的负面评价程度也相对较轻。与频发的危机相比，当企业出现偶发的危机时，消费者更倾向于把危机发生源归因于外，据此来缓解对肇事品牌的负面评价。与以往研究不同的是：某小果事件归因相对复杂，除了商家自身责任之外，众多消费者还将事件的发生归因于某平台，甚至是"羊毛党"；并且整个事件的发展是纵向的，情节是曲折的，归因的分析也是不断变化的，且体现了一定的中国文化思维的特征。

（三）品牌危机的结果

品牌危机事件不仅会直接伤害到消费者，还会间接地对肇事企业产生负面影响。归纳起来，主要体现在三个方面：从情绪上来看，品牌危机的发生会让消费者产生负面的心理反应，进而影响消费者与品牌间的关系；从认知上来看，品牌危机的发生会提高消费者对风险的认知，进而降低消费者对品牌的信任；从行为上来看，品牌危机的发生会降低消费者对产品的购买意愿，进而会降低企业的销售绩效。其中，产品质量方面的问题，会在一定程度上弱化品牌传递产品功能价值的能力；而社会责任或道德方面的问题，会在一定程度上弱化品牌代表道德和情感价值的能力，最终会使消费者在生理健康或心理感受方面遭到伤害。与以往研究不同的是：某小果事件的直接伤害方向是向内的，直接受害者是商家而不是消费者。伤害的结果是严重的，也是多变的，某小果先是因定价失误造成危机关闭店铺，而后复活成为网红，再因抄袭其他商家销售信息而最终下架。

（四）品牌危机的应对

关于品牌危机应对方面的研究，按照从对抗否认到主动赔偿的逻辑做了详细的梳理：从企业角度来看，有保持沉默、否认、辩解和承认，而承认又包括道歉、被迫召回、主动召回、非常努力地应对；从媒体角度来看，积极的媒体应对能降低消费者的感知风险，并提升其购买意愿；从专家角度来看，积极的专家应对能增加品牌进入消费者考虑集的机会，并降低消费者的感知风险。在此基础上，有学者认为不同的危机类型应该采取不同的应对策略。比如，对可辩解型产品伤害危机，辩解是最优策略；对不可辩解型产品伤害危机，和解是最优策略；对功能型危机，企业自我揭露危机信息策略能有效提升危机的修复效果，但该策略在应对道德型危机时效果并不明显。与以往研究不同的是：某小果事件的发生是由微观主体犯错引发的宏观社会失范，因此，应对策略仅仅从企业层面出发研究治标的措施是不够的，而应该从社会规范的角度研究如何从根本上对危机进行系统全面的宏观治理。

三、品牌危机情境下"薅羊毛"事件描述

近年来，因商家经营政策漏洞或失误而被"薅羊毛"的事例层出不穷。例如，2019年年初拼多多出现重大系统漏洞，一晚被"薅羊毛"数千万元平台优惠券；2019年11月上海市虹口区法院公开审理了一起"薅羊毛"引发的诈骗案；2020年6月，一桩利用航延险"薅羊毛"引发的"血案"进入大众视野；等等。但根据案例选取的典型性原则，本讲选取2019年"双十一"前后发生的某小果被"薅羊毛"事件作为代表性研究对象，对经济理性所引发的社会失范展开探索分析。选择该事件的原因如下。首先，某小果事件是商家定价失误，致使大批"羊毛党""薅羊毛"，使店铺一度关闭，后续事件情节一波三折，持续时间长达半个多月。其次，某小果事件议题热度非常高，参与人数众多，并产生了很大的舆论影响，在经济理性引发社会失范的类似事件中具有较高

的代表性。最后，事件从开始到结束，过程完整，资料收集集中完备，引发包括某小果、"羊毛党"、某平台、媒体、第三方消费者和法律人士等多方主体参与或关注。以下是某小果店铺因定价失误被"薅羊毛"事件发展过程（见表7-1）和事件中各方主体间的关系（见图7-1）。

表7-1 某小果店铺因定价失误被"薅羊毛"事件发展过程

时间	发展脉络	详情描述
节点1	被"薅羊毛"店铺关闭	某平台某小果旗舰店因定价操作失误，把26元5000克的脐橙设置为26元5000斤。B站博主号召粉丝"薅羊毛"，上万粉丝下单，店铺被拍下几万单订单，涉及金额高达800万元，导致店铺发不出货，在某平台规则下关闭店铺
节点2	发现异常平台保护	某品牌及其官方微博公开回应此事称：发现异常后，已第一时间把这家店铺"保护"起来，会在法律规则允许范围内，尽量减少各方损失
节点3	网店复活粉丝暴涨单日订单破万	某小果旗舰店再次上线，该店铺粉丝量一天内从978人上涨至3.4万人，并且还在增加，商品销量单日突破两万单
节点4	定价失误因复制他店信息	四川遂宁某品牌店合伙人李先生告诉澎湃新闻，某小果旗舰店复制了他水果店铺的全部信息，包括产品信息、发货地址、电话号码，甚至错误的价格参数
节点5	网店回应质疑，否认抄袭或炒作	某小果回应，当店铺重开后，面对大量订单，联系到了其他果园协助提供一部分果子，且授权了图片
节点6	承认抄袭，欲花500元私了	录音曝光，某小果承认抄袭并愿意向被抄袭方给予500元的经济赔偿，同时，还承认自己是通过水果供应链进行发货，并非亲自种植
	发布道歉信息下架所有商品	某小果发布道歉公告，对定价失误及相关信息没及时修改深表歉意，愿意承担相应责任，并下架所有产品，不想再熬下去了
节点7	店铺存在转让情况	媒体报道涉事网店存在转让情况，某平台正在进行核查
节点8	法律解读	某法院副庭长解读："薅羊毛"的含义；合同成立，商家应赔偿；重大误解，合同可撤销

资料来源：笔者根据营销实践事件虚拟改编。

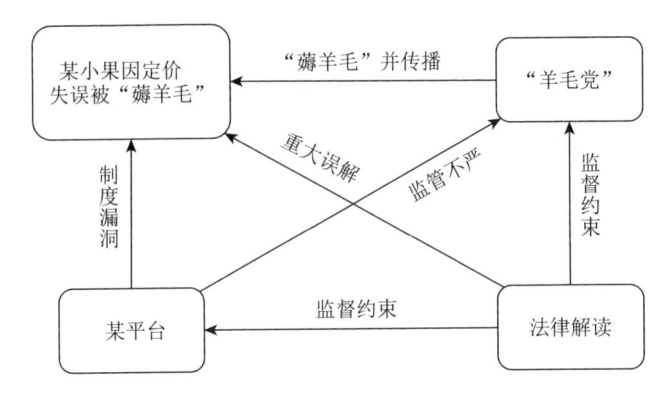

图 7-1　某小果事件中各方主体间的关系

四、"薅羊毛"行为引发的社会失范

结合研究目的，我们通过开放式编码、主轴编码和选择编码，具体过程可以参阅我和李秀秀、王璐璐在《营销科学学报》2022年第3期发表的《危机情境下投机优惠抢购行为扎根研究——经济理性引发社会失范》一文，最终构建了品牌危机下"薅羊毛"行为所引发的社会失范的理论模型，如图7-2所示。研究发现，该理论模型由内控规范（人性道德和企业伦理）、外控规范（行业规则和法律制度）以及因果规律（福祸相依和因果循环）构成。

（一）人性道德

人性丑恶指品牌危机下的"薅羊毛"行为揭示了人性丑恶的一面。当商家失误时，消费者不仅落井下石，而且贪利忘义。良心道德指商家失误时，消费者应做有良心的人，而不是毫无道德底线地"薅羊毛"。国民素质指"薅羊毛"行为不断发生，部分归因是本国部分消费者的素质问题。人性道德下各维度间的关系：人性丑恶和良心道德是"薅羊毛"行为的双面理解或表达，当这两种表达从"羊毛党"上升至国民身份时就成了国民素质。另外，根据本讲对"薅羊毛"的定义显示，"薅羊毛"并无道德价值上的褒贬，如果有帖子评论认为"薅羊毛"是不道德的，也是"薅羊毛"行为在本讲的具体情境下所致，或者是消费者个人感知不同造成的。

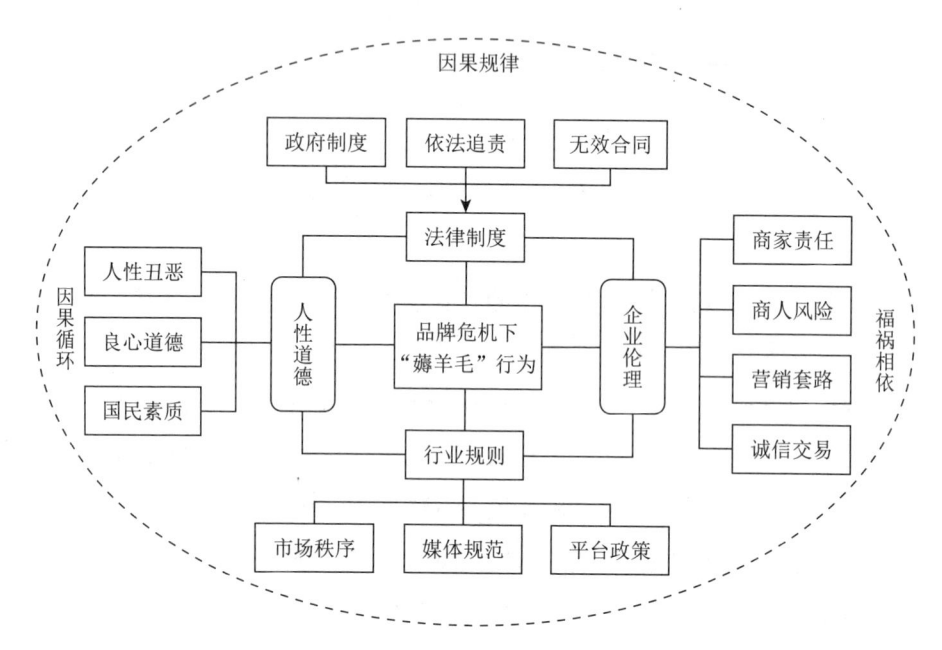

图 7-2 品牌危机下"薅羊毛"行为所引发的社会失范的理论模型

（二）企业伦理

商家责任指被"薅羊毛"是商家自己粗心大意造成的，因此，商家应当为自己的失误承担一定的责任。商人风险指经商就一定会有风险，并要做好亏损的心理准备。营销套路指商家为了吸引消费者关注和购买，而运用的营销策略和炒作手段。诚信交易指买卖双方都应遵守诚信原则，卖家错了要承认是诚信；卖家失误，买家体谅也是诚信的一种表现。企业伦理下各维度间的关系：商家失误就要承担责任和后果，理由是经商有风险；但也有消费者认为商家失误是营销套路，无论有意失误或无意失误，均应诚信交易。

（三）行业规则

市场秩序指消费者恶意"薅羊毛"的不当行为，部分原因是市场各方所遵循的活动规则不完善。媒体规范一方面指媒体报道不实，掩盖真相；另一方面指媒体有查清事情真相的责任。平台政策包括三个方面：第一，平台应针对"薅羊毛"行为制定相应的措施；第二，平台应有核实事件真实性的责任；第三，平台对买卖双方权益的保证。行业规则下各维度间的关系：总的来说，是市场各方主体规则不完善；具体来说，是平台要完善规则，媒体要及时如实报道。

（四）法律制度

第一，政府制度方面。"薅羊毛"带来的网络风险，需要政府对相关制度进行重新考量以及政府与平台联合治理。第二，依法追责方面。一方面，法律条款应对"薅羊毛"行为进行规范。另一方面，应对恶意商家进行约束。第三，无效合同方面。法律上认为恶意"薅羊毛"行为显失公平，属于重大误解，是无效合同。法律制度下各维度间的关系：政府制度是立法，依法追责是执法，无效合同是特殊事件特殊处理，它们之间是立法与执法、普遍与特殊的关系。

（五）因果规律

从哲学角度看，福祸相依指福和祸存在于事物的两面，商家被"薅羊毛"是祸，但是粉丝增加是福。因果循环指人的善、恶终会引发后果，恶意占便宜"薅羊毛"的人以后也有很大机率受到制裁。两者在规律方面的体现不同，前者侧重事物的两面性，后者侧重事物的转换与循环。

五、"薅羊毛"行为引发社会失范的理论抽象与回归

结合社会规范理论，从内控失范、外控失范及因果规律三个方面，对品牌危机下"薅羊毛"行为所引发的社会失范的理论模型进行理论抽象与回归。

（一）社会规范理论

社会规范是指以社会文化为基础，整个社会及其成员应有的行为准则、规章制度、风俗习惯、法律规范、道德伦理和价值标准等，它包括内控规范和外控规范两大类，内控规范包括伦理道德（人情、隐私、家族观念、尊重他人等）和价值取向（自我倾向、合群性、公共承诺等）；外控规范包括法律规章（法律观、纪律、公平法则）和社会习俗（面子、礼仪、家庭观等）。

无论是外控规范还是内控规范，它们都是人们有意或无意需要遵守的行为标准和准则，因此，社会规范势必会影响人们的经济消费行为。这种影响主要通过两条路径实施。一种是通过社会规范产生的外在压力直接影响消费行为。消费者会从参照群体的行为或态度中感知到某种规范，从而产生与群体一致的动机或行为。例如，社会规范可以显著减少用电消耗和提高废品回收利用的行为。另一种是通过社会规范的学习，进一步内化形成规范认同，最终影响消费行为。例如，生态意识和节俭意识会显著影响对绿色产品的消费行为。

与以往研究不同的是：本讲对某小果事件的讨论，聚焦于消费者对经济利益的理性追逐，反过来冲破社会内控和外控规范约束，引发社会失范。某小果被"薅羊毛"事件的发生，正是经济理性对社会规范的挑战。因此，从社会规范理论切入，对某小果定价失误而造成"薅羊毛"危机事件进行深入系统的分析，体现了一种逆向的思维方式，研究结果将从社会规范体系的视角，更好地为约束和治理人们落井下石或者爱占

便宜的薅羊毛经济理性行为提供参考。

（二）理论抽象与回归

无论是一个人还是一个企业，其追逐经济利益的行为，一方面会受到内控规范（人性道德和企业伦理）的影响和约束，另一方面会受到外控规范（行业规则和法律制度）的影响和约束。然而，在某些情境下，面对经济利益时，消费者会无视并突破内控规范和外控规范的约束，引发社会失范，但最终依然无法逃脱因果规律。理论模型建构的抽象和回归如图7-3所示。

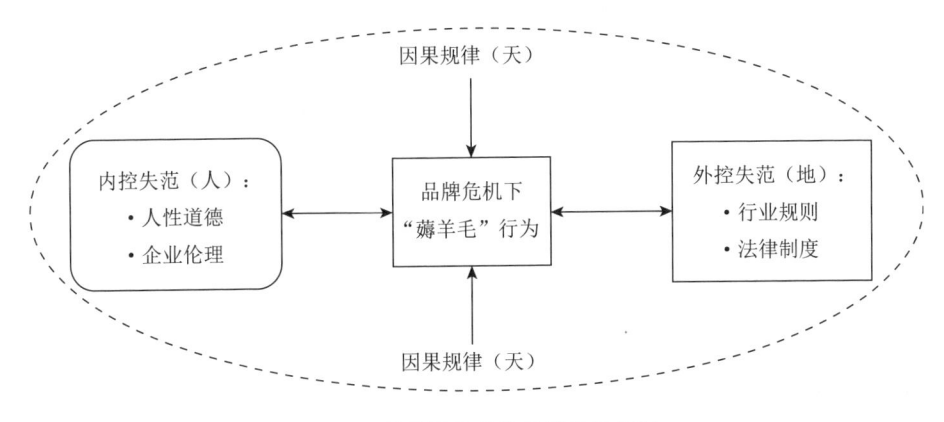

图7-3 理论模型建构的抽象和回归

内控失范主要体现在"人"的层面，"内"主要指买、卖双方两个主体的内在，对买方而言就是"羊毛党"，对应的规范是人性道德；对卖方而言就是某小果店铺，对应的规范是企业伦理。人性道德主要包括人性丑恶、良心道德和国民素质，具体指面对某小果定价失误，"羊毛党"的"薅羊毛"行为不仅违背了良心道德，还体现了人性的丑恶，它们代表了部分国民在特定情境下展现出的不良素质。比如，有消费者评论应以善良为本，某小果事件中的薅羊毛行为突破了道德底线，而且道德败坏；有消费者评论此时的"薅羊毛"行为就是落井下石、贪利忘义、爱占便宜等。

外控失范主要体现在"地"的层面，"外"主要指买卖双方所处的外部行业和法律环境。行业层面对应的规范指行业规则，具体包括市场秩序、平台政策和媒体规范。首先，部分消费者认为"薅羊毛"行为一定程度上扰乱了网络销售的市场秩序。其次，部分消费者认为平台政策不完善才会导致某小果店铺被"薅羊毛"，并且平台不应过度维护消费者权益，也应保护好商家的权益。最后，部分消费者认为媒体应该公正、公开、及时地报道事件的进展，让消费者看到整个事件发展过程的真相。法律视角对应的规范指法律制度，具体包括政府制度、依法追责和无效合同。政府制度，也就是说，相关政府部门对某小果事件应制定完善的制度，并进行广泛传播。依法追责，即部分消费者认为应展开深入细致的调查，据此依法追究当事人的责任。而无效合同则指部分消费者认为交易过程中，定价失误对"羊毛党"而言纯属重大误解，所以，交易契约可视为无效。

因果规律主要指事物的存在与发展均遵循一定的因果关系，这一规律对于哲学和自然科学来说，都是非常重要的。在《科学素养》一文17条科学的核心思想中，因果规律被列为第一条，被认为是公众最应该掌握的。因果规律一方面体现在事物本身的两面性，如福祸相依；另一方面体现在事物发展的对立转换循环统一上，即因果循环。内控规范和外控规范是人们自己制定的非正式或正式的行为准则，而因果规律主要体现"因"和"果"之间在时间维度上的关系及相互影响，在复杂的市场环境下，买卖双方任何行为都会产生相应的结果，趋"善"是根本。

六、品牌危机情境下"薅羊毛"行为的研究价值

本讲以某小果定价失误被"薅羊毛"事件为例,围绕经济理性引发社会失范及其治理展开研究,采用扎根研究方法,参考社会规范理论框架,归纳出本讲研究情境下的社会失范及其治理维度:内控失范主要包括人性道德(人性丑恶、良心道德和国民素质)和企业伦理(商家责任、商人风险、营销套路和诚信交易);外控失范主要包括行业规则(市场秩序、媒体规范和平台政策)和法律制度(政府制度、依法追责和无效合同)。当经济理性引发社会失范时,人们的思维开始由规范上升至规律,认为宏观层面的因果规律将会对其产生一定程度的约束和限制。研究结论不仅对品牌危机及其治理相关理论作有益补充,还能为危机情境下"薅羊毛"行为的宏观治理提供全面系统的指导意见。

首先,以往品牌危机研究侧重从微观层面入手,讨论企业各种应对策略行为对消费者伤害的补偿或修复;而本讲研究则侧重从宏观层面出发,讨论社会失范(内控和外控)对危机品牌所造成的伤害。关于品牌危机的管理,以往学者主要集中讨论危机品牌具体做什么才能化解危机,如否认、沉默、辩解、承认(召回、赔礼、赔钱)等方式;而本讲研究则从社会规范视角出发,同时讨论了危机品牌和消费者应该怎么做才能化解危机。从理论上讲,前人的研究讨论的是具体的危机应对行为方式,而本讲的研究讨论的是危机化解行为应遵循怎样的规范,并通过扎根理论方法建构了品牌危机管理情境下社会规范的各个维度。因此,由行为到行为规范,可视为本研究对品牌危机管理理论的一个重要拓展。

其次,以往研究侧重社会规范对经济消费行为的影响和约束;而本讲研究则侧重于经济理性行为所引发的社会失范,因果关系的逻辑顺序与以往不同。在品牌危机管理之外的领域,有不少关于社会规范对经济

消费行为的研究成果。比如，社会规范对节约用电、节俭消费、亲社会行为等的影响。但在品牌危机管理领域，一是未见到有学者的研究涉及社会规范；二是本讲研究经济理性行为对社会规范的影响，与以往研究相比，其中的因果关系的逻辑顺序是完全相反的。另外，以往有关社会规范的研究偏量化，这就导致所选择研究的社会规范及分类比较片面；而本讲采用扎根理论的质性分析，系统解读经济理性行为所引发的社会失范会比较全面。从逆向思维的角度来看，可视为本研究对品牌危机管理理论创新的一个新视角。

最后，以往品牌危机研究侧重围绕认知或情感相关理论，讨论涉事双方主体（肇事品牌和消费者）间的行为互动；而本讲在讨论品牌危机情境下涉事双方行为互动时，则从社会规范理论上升到了自然的因果规律。关于品牌危机管理研究问题的解释，以往学者更多的是采用归因、印象管理、溢出效应、联想网络等理论，从消费者的认知和情感两个方面来解释危机应对是否有效。而本讲则通过扎根理论对帖子评论的分析，先从社会规范理论的内控和外控两个视角，对经济理性行为进行分析；然后再由社会规范上升至因果规律，对某小果整个事件的情节发展做出解释。从这一点来看，本讲研究由具体特殊的社会规范维度上升至抽象普适的因果规律，可视为对品牌危机管理理论的贡献及升华。

七、品牌危机情境下"薅羊毛"行为的管理启示

首先，从内控失范（人）来看：君子爱财，取之有道。对"羊毛党"而言，其问题主要体现在人性道德方面，即在某小果店铺定价失误后，不应该落井下石、贪利忘义，更不应该转发链接引来大批"羊毛党"薅羊毛"。正确的做法是以善良为本，讲良心和道德，及时告知某小果商家，纠正错误或阻止"薅羊毛"的行为继续发生。对某小果店

第七讲 "薅羊毛"行为：经济理性引发社会失范

铺而言，其问题主要体现在企业伦理方面，作为商家理应履行商人的责任，并承担经商的风险；不应该简单地去复制别家的店铺信息，不择手段地制造事件去吸引消费者的注意，从而达到广泛宣传、提高销售的目的。正确的做法是讲究诚信交易，才是市场立足之根本。对任何行业来讲，面对经济利益的诱惑，买卖双方都应该恪守本分，遵守各自内心的伦理和道德规范，这才是约束经济理性行为的根本，如此才能营造和谐健康的市场环境。

其次，从外控失范（地）来看：天网恢恢，疏而不漏。就行业而言，某小果因定价失误而被"薅羊毛"事件扰乱了市场秩序，在社会上引起广泛的关注，而平台商并未从技术上在第一时间阻止事件的发生。从媒体的角度来看，应该及时按照客观事实进行报道，让公众了解事情发展的真相，而不是一味地追求吸引公众的注意力。就法律制度而言，大多数人都缺乏相关的法律知识，而法律专家的解读也不够及时，直到整个事件的结尾，法律专家才谈到某小果被"薅羊毛"事件属重大误解，在交易过程中可视为无效合同，客观来讲应该依法保障买卖双方的权益。因此，从外控规范来讲，平台商、媒体以及相关法律专家，应该及时通过自身或联合的力量阻止"薅羊毛"行为的发生，而不是助长或无视它的存在。与内控规范不同，外控规范主要借助外力阻止不好的行为发生或持续，这股力量应该是强大的、有力的，否则难以对恶意的"薅羊毛"行为起到良好的约束效力。

最后，从因果规律（天）来看：福祸相依，因果循环。面对诸多内控规范和外控规范维度，"薅羊毛"的经济理性行为冲破重重约束，还是发生了，而且在短时间内迅速扩大，最终造成市场秩序的严重紊乱。而某小果店铺从关闭到复活，成为网红，而后被指抄袭，到再次下架，整个事件的情节一波三折。其中所有事情和行为的发生虽然可以打破社会规范，但无法跳出因果规律。也就是说，在时间维度上，后续事件中每个环节的发生，都是前面各种因素和行为相互作用的结果。福祸相依、因果循环等宏观层面的规律，是不以人的意志为转移而存在的，虽然有的因果规律是显性的。例如，用手拿起杯子，杯子受力而离开桌面，能为人们看见。但也存在一些隐性的因果规律，它们不能被感官明显地认知到，却客观存在着。因此，因果规律可以诠释某小果被"薅羊毛"整个事件的发生过程。

《道德经》第七十七章讲道："天之道，其犹张弓与？高者抑之，下者举之；有余者损之，不足者补之。天之道，损有余而补不足。人之道则不然，损不足以奉有余。孰能有余以奉天下？唯有道者。是以圣人为而不恃，功成而不处，其不欲见贤。"译文如下。大自然的运行规律，大概就像安装弓弦一样吧？高的一端要压低一些，低了就把它抬高一些，弓弦长了就剪短一些，短了就补长一些。自然的运行规律，是减损有余的而补给不足的。可是人们制定的法则却不是这样，要减损不足的，来奉献给有余的人。那么，谁能够把多余的财富奉献给天下人？只有懂得大道的人才可以做到。因此，圣人帮助了万物而不求它们回报，功成而不居功，他们不愿意表现自己的恩德和才能。

"薅羊毛"行为恰似"人之道"的写照：商家定价失误形成"有余"，"羊毛党"趁机掠夺"不足"，加剧社会失范。品牌危机时，买卖双方博弈失衡，商家困于失误，"羊毛党"却追逐利益最大化，进一步激化矛盾。宏观治理需效法"天之道"，倡导商家诚信经营，完善行业规则与法律制度，强化平台监管，引导消费者理性，方能实现"有余以奉天下"的公平，维系市场和谐。

第八讲
直播带货如何规范前行

本讲主要研究直播带货"翻车"带来的危机。近年来，直播电商逐渐成为网络消费的重要支撑，直播带货的问题和弊端也随之越来越突出，导致现场"翻车"事件频发，须治理和规范。直播带货如何规范前行呢？本讲构建了直播带货规范体系：外控制度规范，包括法律制度、政府监管、平台治理；内控"抑恶"道德规范，包括政治素养、道德底线、文化素质。认知规范包括"人货场"三个方面，"人"具体指职业能力和团队管理；"货"具体指品类选择和产品品质；"场"具体指场景设计、直播氛围和技术保障。

第八讲 直播带货如何规范前行

一、直播带货"翻车"问题描述

《第 46 次中国互联网络发展状况统计报告》显示，直播电商已成为网络消费的重要支撑，截至 2020 年 6 月，直播电商用户达 3.09 亿；2020 年上半年国内电商直播超过 1000 万场，活跃主播数超过 40 万人，交易额达 3274 亿元，同比增长 62.5%。"网红"、明星、企业高管等纷纷加入直播带货行列。为此，2020 年 7 月初，中华人民共和国人力资源和社会保障部联合国家市场监管总局、国家统计局在"互联网营销师"职业下增设"直播销售员"工种，明确了直播带货主播的职业身份。

同时，《第 46 次中国互联网络发展状况统计报告》显示，随着主播职业化程度的提高和参与人数的激增，越来越多的问题和弊端开始浮出水面。直播带货虽然对市场资源的优化配置起到了推动作用，但在介绍产品时频繁出现虚假宣传，销售的产品以次充好或以假乱真，在直播表达上触碰道德底线等现象屡见不鲜，最终导致直播带货现场"翻车"事件频发。对此，有人提出要加强网络直播带货审查监管，也有人提出应从规范直播带货平台入手……由此可见，直播带货乱象亟须得到治理和规范。那么，直播带货该如何抑恶扬善呢？

为此，本讲对直播带货研究相关文献进行了梳理，试图从中找到解决问题的答案。结果发现：与直播带货营销实践的蓬勃发展相比，学术研究成果相对较少，但有逐年上升的趋势。原因可能在于：直播带货是一种新的营销实践现象，可参考借鉴的理论或文献较少，而且学术研究与成果发表又具有一定的时滞性。尽管如此，以往研究还是从直播带货信息源特征、直播带货购物特征、直播带货场景等方面做了有益的探索，侧重采用定量的方法分析这些因素对直播带货绩效的正向影响。然而，很少有学者从反向（即直播带货"翻车"）视角采用质性研究方法，系统深入地构建直播带货规范体系。基于此，本讲拟通过收集多个直播带货翻车案例，采用扎根理论方法，尝试回答直播带货究竟该如何抑恶从善？或者说直播带货的规范体系具体包括什么？研究结论将不仅能构建直播带货乱象治理规范体系，还能为直播带货乱象多元共治以及主播如何有效带货提供参考和指导。

二、影响直播带货绩效的因素

（一）直播带货信息源特征

直播带货信息源特征研究主要对象是直播"网红"，将其信息源特征划分为：可信性、专业性、互动性和吸引力。研究进一步检验了这些特性是如何通过感知产品实用和享受价值，对购买意愿产生影响的。在这个过程中，直播"网红"形象与产品形象的一致性起着显著的调节作用。在此基础上，研究进一步发现：不同类型的直播"网红"信息源特性所唤起的消费者搜索或购买行为也存在显著差异。具体而言，娱乐型直播"网红"更倾向于展示吸引力和唤起用户的互动性；技能型直播"网红"更倾向于展示专业性和唤起用户的互动性；带货型直播"网红"更倾向于展示可信性、专业性和唤起用户的互动性。

（二）直播带货购物特征

直播带货购物特征研究大多侧重于整体视角。例如，有学者发现直播带货的真实性、娱乐性和可视性对唤醒消费者愉悦情绪有着显著的正向影响，而且愉悦情绪显著影响信任感知，并和信任感知共同影响消费者目的性购买意愿。也有学者发现，移动视频直播的互动性能够通过增强用户的流体验和社会临场感以及主播认同，进而提高用户的满意度和持续观看意愿，并且互动性的各个维度对结果变量的影响存在显著的差异。还有学者从主播与用户沟通风格角度发现，两者沟通风格的相似性会增强用户对主播的准社会互动感知，进而引发用户观看直播时的沉浸体验，最终提高用户的购买意愿。而在此过程中，用户因认知闭合需求而避免模糊性，急于寻求明确答案的动机水平起到了强化作用。

（三）直播带货场景

直播带货场景研究主要围绕临场感展开。例如，有学者对社会临场感的内涵和构成（共存临场感、交流临场感和情感临场感）展开分析，指出在直播带货中社会临场感会影响从众消费的认知机制，并认为在这个过程中自我建构和消费者—主播关系强度起着显著的调节作用。以此为基础，有学者研究发现在共存临场感、交流临场感、情感临场感对冲动型购买意愿的影响过程中，信任和心流体验起着显著的中介作用。还有学者在社会临场感的基础上增加了空间临场感，研究发现，这两个方面的临场感都是基于顾客、网站以及卖方间的互动机制来实现的，在这个过程中信任感的建立特别重要，而空间临场感侧重提升能力型信任，社会临场感侧重提升诚信型信任和善意型信任。除了临场感，也有学者从氛围线索的角度展开分析，发现心流体验在氛围线索对购买意愿的影响过程中起到了中介作用，而中庸思维则在其中起着显著的负向调节作用。

三、不当直播带货的不良后果及其治理

凡事皆有利弊，直播带货也不例外。中国消费者协会的消费维权舆情报告（2020）显示，在27天的监测期内，直播带货类负面信息（例如产品、服务、价格、互动等方面）有33.41万条，存在观看人数"吹牛"、销售数据"注水"等影响力指标造假，以及商家、主播之间责任界定不清晰，遇到售后问题时互相"踢皮球"等问题。尽管如此，学界对直播带货负面影响治理的研究依然不多，可借鉴的相关研究主要体现

127

在网络商业负面行为的治理方面。学者们主要参照制度理论框架，从市场认知和法律规制两方面探讨了治理思路。

在市场认知方面，主要有以下三种治理机制。第一是声誉机制。平台电商可通过声誉分享机制，对卖家的违规行为进行约束和惩罚。第二是奖惩机制。平台电商可通过责任追索策略对卖家违规行为进行规制，对受害者来说，与惩罚型责任追索策略相比，补偿型责任追索策略对平台电商声誉的正向影响更大；对观察者而言，两种责任追索策略并无显著差异。第三是排名机制。平台电商可通过口碑、销量、价格等不同属性进行排名，利用降低其口碑等方式对平台卖家的负面行为进行治理，但这种方式只有在信息充分对称的情况下才会起到良好效果。

在法律规制方面，主要有以下三个治理视角。第一是平台治理视角。通过政府引导、优化技术支撑、严管流程审核等，建立关系契约、动态责任结构等机制，加强直播平台的治理。第二是信用治理视角。法律规制以整体制度设计和市场结构调整等为导向，并从信用评价限制和多元治理模式等方面着手，实现对直播带货信用治理的具体规制。第三是协同治理视角。完善多主体协同治理模式，如政府、平台、用户等多主体合作监管的治理体系。

从制度理论框架来看，以往研究缺少道德约束方面的讨论，而在法律规制方面缺乏实证研究；在市场认知方面，以往研究主要从单一视角讨论外部平台力量对卖家违规行为的治理，并未从多元视角讨论内外部力量的结合对直播带货负面行为的治理。因此，本讲将针对直播带货"翻车"行为，参照制度理论框架，从规制、道德、认知三个维度，通过质性研究方法探究直播带货行为规范的具体构成，以期弥补以往研究的不足。

四、直播带货"翻车"事件选取和描述

（一）研究方法和事件选取

与以往定量研究不同的是，本讲针对多个代表性事件采用扎根理论方法开展研究，这样有助于全面探究事件发生的原因及其背后尚未被发现的问题。为了满足选取事件的典型性和代表性，本讲在2020年中国直播带货主播中，选取了因"翻车"事件而被广泛热议且具有代表性的4位主播：a、b、c、d，作为本讲研究的主要对象。4位主播的"翻车"事例累计有12起（2019年10月至2020年5月），"翻车"原因大致可归为五个方面：产品质量问题、直播表达问题、团队管理问题、产品介绍出错以及直播技术问题。主播选取理由：第一，这4位主播的媒体曝光度和社会影响力都非常大，都拥有大量的受众群体（粉丝），这对帖子评论资料的收集非常重要且有益；第二，4位主播的身份（如草根网红、名人、企业家等）以及他们带货的产品类型（如美妆、服装、零食生鲜、日常用品、数码产品等）分属不同的领域，异质化特征显著。

通过收集不同平台上的帖子和评论，可为本研究提供特色且具有现实意义的数据信息。一方面，网络帖子评论具有匿名性、自愿性、多样性和复杂性等特点，更能真实地反映消费者内心的想法，更有利于探究复杂系统性的问题。另一方面，收集帖子评论，基于多个事件采用扎根理论研究方法，已经被学者们广泛应用于不同的研究领域，并取得了丰富的成果。因此，本讲根据上述4位主播的12起直播带货"翻车"事件，通过在不同平台（如微博、今日头条、抖音等）收集帖子评论，并以此为数据资料进行分析，全面系统深入地对直播带货"翻车"事件展开研究。

（二）理论抽样

在选择样本时，本研究遵照以下三个标准：第一，样本的来源要具

有广泛性，既包括门户网站的评论，也包括社交娱乐平台的评论；第二，样本的选择要具有多样性，尽量包含不同行业和产品类别，如美妆、服装、食品、电器等；第三，根据评论的观点收集涵盖不同立场的帖子，要包含正面、负面以及中立的评论。基于此，本讲以"直播带货翻车"为关键词，自定义时间范围，在国内5家知名网站或平台上收集4位主播"翻车"事件的帖子及评论。收集完成后，按照如下标准对无效评论进行剔除：没有任何有效信息的评论，如"好想笑"等；与帖子内容完全无关的评论，如"在？加个群呗"等；直接复制粘贴他人的重复评论；与帖子相关但内容毫无意义的评论，主要是一味偏激谩骂的评论。最终得到有效帖子563条，有效评论9151条，样本具体信息如表8-1所示。将所获帖子及评论按照直播带货"翻车"原因分类整理，在此基础上分别进行编码。

表8-1 事件样本选择介绍

代码	"翻车"事件简要描述	"翻车"原因	直播带货播主	帖子来源	帖子数/条	评论数/条
A	a 直播带货不粘锅，现场煎蛋粘锅；b 直播带货助农水果，网友反馈货不对板；c 直播带货鲜花，网友反馈鲜花枯萎	产品质量问题	a b c	抖音 微博 今日头条	153	3200
B	a 直播带货吸果冻，与杨某对话低俗；d 直播带货丝袜，领土主权问题上表达出错	直播表达问题	a d	微博 腾讯新闻 抖音	102	2159
C	a 直播带货火锅底料，助理李某言语不当惹怒网友；a 直播带货过程中，团队成员乐乐利用网络延迟抢粉丝红包	团队管理问题	a	微博 腾讯新闻 网易新闻	116	2259

续表

代码	"翻车"事件简要描述	"翻车"原因	直播带货播主	帖子来源	帖子数/条	评论数/条
D	c将极米投影仪说成坚果投影仪；c把拍两盒送两盒误说成拍两盒送三盒，把5折写成2折；d直播带货羊肚菌时，因夸大功能而出错	产品介绍出错	c d	微博 网易新闻 今日头条	109	1096
E	c直播出售半价车时，上架链接消失；助理张某在a直播间唱歌突然没声音	直播技术问题	c a	微博 抖音 今日头条	83	437

资料来源：笔者根据实践事件虚拟改编。

五、直播带货行为规范理论依据

通过开放式编码、主轴编码和选择编码，具体过程可以参阅我和林荫在《经济管理》2022年第2期发表的《直播带货"翻车"的治理机制研究》一文。最终本讲构建了直播带货行为规范理论依据，如图8-1所示。研究发现，可以从制度规范、道德规范、认知规范三个方面构建直播带货"翻车"乱象治理体系；而带货绩效指直播带货"翻车"后对商家的影响。

（一）制度规范

法律制度指国家出台的网络直播带货相关法律法规。面对直播带货"翻车"乱象，消费者要求追究带货主播的法律责任。同时消费者将部分原因归结为直播带货相关法律制度尚不完善，现有法律制度对主播的责任界定不够明晰，建议国家加快直播带货相关法律规制的制定和出台。

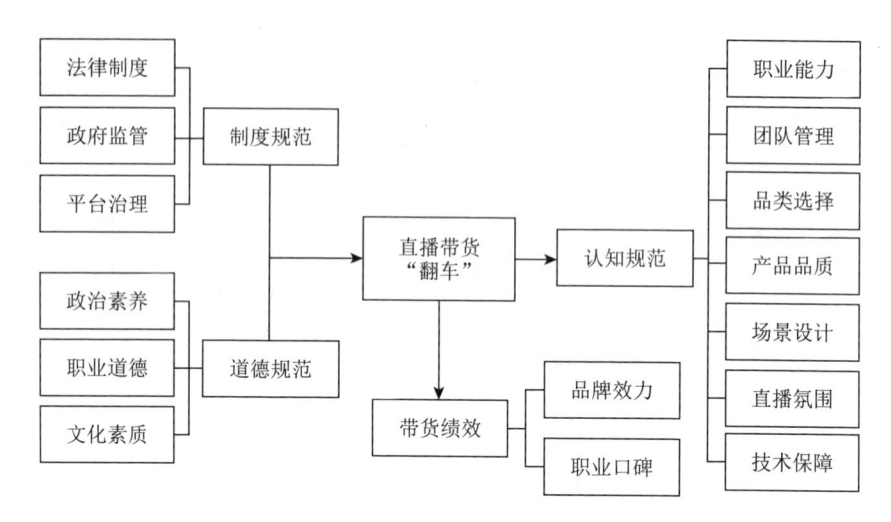

图 8-1 直播带货行为规范理论依据

政府监管指市场立法和执法相关部门针对直播带货开展规范管理及专项行动。当直播带货出现"翻车"现象时,尤其是因产品质量出现问题、货不对板、以假乱真等侵犯消费者权益的行为而"翻车"时,消费者会将部分原因归咎于政府相关部门缺乏监管,并呼吁政府相关部门严查严办、整治整顿"翻车"乱象。

平台治理指网络平台经营者通过制定市场规则与公共政策管理网络直播带货中的主播行为和各种问题。消费者认为网络直播平台应该对诸如虚假宣传、货不对板、售后保障等问题进行规范,整顿直播带货"翻车"乱象,切实维护消费者权益,严厉禁止无良主播的直播行为,并对无良主播采取必要措施。

(二)道德规范

政治素养指主播在直播带货中所展现的政治方面的认知水平及思想品质。当主播在直播过程中涉及国家主权、国家利益等大是大非的问题时，消费者持有零容忍的态度，哪怕是只言片语也会引起网友的一片哗然，同时要求主播加强政治学习，提高自身的政治水平。

职业道德不仅包括主播带货的行为标准和要求，也包括直播职业所承担的社会道德责任和义务。主播应有所为有所不为，在直播带货中时刻严守"为"和"不为"的道德底线。主播及其团队在直播带货过程中应该遵守的行为规范包含遵守纪律、言行合宜、承担责任等。

关于主播在直播带货"翻车"中对社会负有的道德责任和义务，扎根研究发现消费者对"翻车"行为的评价褒贬不一。当直播带货"翻车"时，评价的风向标则会转向负面。在这种情况下，如果主播处理得当，则能够得到消费者的谅解，评价也随之转向正面。

另外，也有声音认为"翻车"是一种营销套路，是不合道德规范的，目的是制造话题，增加曝光量。而营销实践证明，如果"翻车"翻得"恰到好处"，确实能起到"无心插柳柳成荫"的效果。

文化素质指主播所具有的知识水平，反映其接受文化教育的程度。在直播带货过程中，主播出现言语行为不当，常被人指责知识水平有限，或文化教育程度不高，这种类型的"翻车"很难得到消费者原谅。

（三）认知规范

职业能力指主播从事直播带货的多种能力的综合。直播带货"翻车"很大程度上与主播及其团队的职业能力有关，提前测试、充分准备、业务专业等任何一个环节出错，都会导致现场"翻车"，引起消费者质疑。

团队管理指主播或管理者组织人力、财力和现代化技术手段实现团队合作，包含团队制度、团队架构、人员管理、团队文化等。消费者关心产品质量的同时，也会关注主播及其团队成员的行为，他们每个人的不当行为都会给主播带来负面影响，观众会因此指责团队的管理能力，最终成为直播带货"翻车"的"导火索"。由此可见，主播还需注重团队建设，建立规范的团队制度，加强人员管理。

品类选择指主播选择何种类型产品的带货行为。产品品类的选择直接影响到直播带货"翻车"的概率。例如，水果因其质量难以把控极易"翻车"，因而主播必须对品类做严格筛选。是将单一品类做到极致，还是广泛涉及各个领域，要根据主播自身实际情况谨慎选择。另外，带货的品类也应和自身的定位一致，不要轻易尝试与之定位相悖的品类，否则很容易导致直播带货现场"翻车"。

产品品质指在产品质量各个属性方面，消费者综合权衡的比较感知。产品品质是消费者最为看重的因素，一旦因产品质量"翻车"会对品牌效力和职业口碑造成严重影响。因此，主播必须对产品质量严格把控，杜绝货不对板、以次充好等质量问题。

场景设计指直播带货现场灯光、道具等各种物理要素的布置搭配。它们会影响消费者视觉和听觉等方面的感官体验。场景设计粗糙，如直播间布景简陋、灯光昏暗等，会导致消费者质疑产品的档次和质量。由此可见，场景设计是直播带货必须要考虑的因素，尤其是对首次直播的主播来说，其是整场直播的"门面"，能够影响消费者的第一印象。

直播氛围是指消费者在直播间体验到的、主播及团队成员所营造出的氛围。直播场景氛围信息对购买意愿有正向影响，在直播间消费者不仅有购物的需求，还有社交需求，购物需求并不是吸引消费者观看直播的唯一要素。因此，主播应积极营造让观众感觉舒服的直播氛围，注重与他们的实时互动。

技术保障指保持直播设备正常运行，避免带货过程中因技术故障导致"翻车"。技术加持已成为直播带货在各个电商平台和社交平台爆单的秘诀，所以必须提供可靠的技术保障，一旦出现画质模糊、听不到声音、上架链接出错等技术故障问题，直播带货就会彻底崩盘。

（四）带货绩效

品牌效力指直播带货对品牌方包含品牌信任、品牌形象、产品销售等指标的影响。直播带货"翻车"必然导致品牌效力的"翻车"，进而消费者对品牌的信任降低，影响品牌形象，导致企业产品销量下滑等。职业口碑指消费者对主播及其行为正面或负面的评价。直播带货"翻车"会对主播的职业口碑造成负面影响，降低主播信誉，使其失去消费者信任等。

六、直播带货"抑恶从善"理论框架的解读

在图8-1的基础上，本讲提出直播带货"抑恶从善"理论框架，如图8-2所示。扎根理论分析得到的结果，可进一步给予以下讨论和洞察：制度规范和道德规范两方面对直播带货"翻车"行为的约束和规范可进一步抽象归纳为"抑恶"；"从善"是对应"抑恶"基于认知规范抽象提出的。其中，善恶是"人性"的两面，《道德经》中写道："天下皆知美之为美，斯恶已；皆知善之为善，斯不善已。"王阳明《传习录》中写道："无善无恶是心之体，有善有恶是意之动，知善知恶是良知，为善去恶是格物。"意思是：人心本然纯净，没有善恶之分，因外界刺激有了善恶的分别，良知是人心中固有的能够分辨是非善恶的能力，它如同明镜一般，能够映照出事物的真相和善恶。通过格物的过程即深入研究事物的本质和规律，人们可以去除心中的恶念，培养善良的品质。

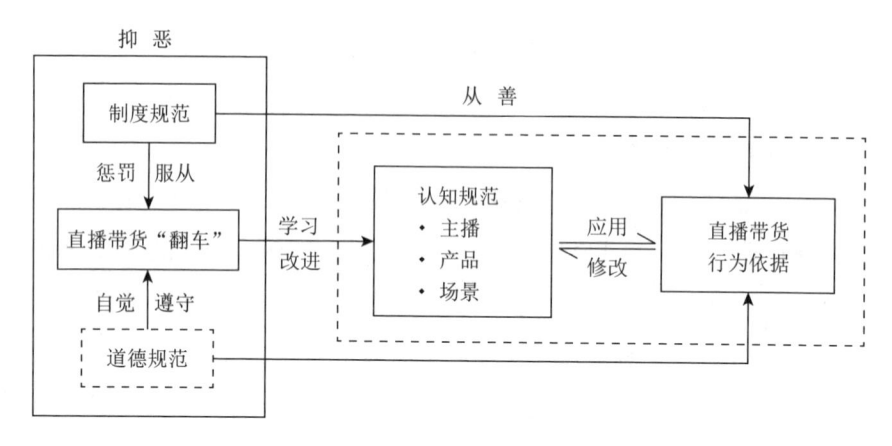

图 8-2 直播带货"抑恶从善"理论框架

  主播及相关主体在直播运营获取利润的过程中，其行为善恶的具体判定依据和标准是什么？学界缺乏讨论。对"恶"的治理，儒家倡导道德感化的作用，法家强调制度监管的效力。现今主张将德治与法治相结合，内外兼治，取长补短，从而达到相辅相成的目标，以德润心，以法正行。难点在于：直播带货是新时代中国特色社会主义市场经济中的一种新模式，也是一种新的行为，治理过程中道德法律化和法律道德化的界限不易识别区分。对此，本讲所归纳的制度规范和道德规范的具体维度可作参考。接着，在"抑恶"的基础上，还应引导主播及相关主体"从善"，即正确地开展直播带货，这就需要主播及相关主体认识直播带货的市场运作规律，慢慢熟悉后才能驾驭，最终由"从善"上升至"扬善"。整体来看，"抑恶从善"基本理论框架是一种递进的逻辑关系，它不仅对直播带货"翻车"行为起到多元治理的作用，还为规范直播带货专业行为提供了理论依据。

  直播带货"抑恶从善"理论框架的构成及逻辑关系解读如下。制度规范是"抑恶"的外控力量，通过"他律"即政府政策和法律法规，为人们的行动（包括责任、权利、义务等）提供了一种外在的限制和规定。道德规范是"抑恶"的内控力量，道德为如何做事提供了一种内在规范，更多地建立在价值观的基础上，其规范要素不仅确定了组织要达到的目标（如获取利润、提高销量），还规定了达到目标要遵循的原则（如良心带货），主要通过"自律"来实现。"从善"在本讲中主要指直播带货领域专业的市场操作标准和规范，属于对市场规律认知的范畴。然而，目前还未形成一致稳定的认知框架，导致准备不足、缺乏专业素养、管理不善等行为的发生，进而引发一系列直播带货"翻车"事件。因此，认知规范对主播带货行为主要起到引导和指导的作用。它是指个体基于共同的认知框架对外部真实世界的认识和理解，强调认知结构对个体行为的影响，以保证个体间的行为结构和规范的一致性。本讲通过扎根研究从主播、产品和场景三个方面提供了直播带货"从善"的理论依据。

"抑恶"主要包括外控制度规范和内控道德规范。前者包括法律制度、政府监管、平台治理三个维度，借此可以有效治理直播诈骗、流量造假、假冒伪劣等违法乱纪行为，通过惩罚的形式使主播服从制度规范，从外部抑制直播带货乱象。后者包括政治素养、职业道德、文化素质三个维度，借此约束主播在追求高销量、高利润的同时，良心带货，自愿规范自身的言行举止、职业操守等，自觉遵守道德规范，从内部抑制直播带货乱象。在抑制不良行为的同时，更重要的是指导主播如何专业规范带货，对相关技能开展学习改进。"从善"主要指认知规范，包括职业能力、团队管理、品类选择、产品品质、场景设计、直播氛围、技术保障七个维度，可归为主播、产品、场景三个方面，为培训主播有效带货提供指导。

七、直播带货"翻车"行为的研究价值

通过对典型直播"翻车"事件的扎根分析，本讲得出如下结论：直播带货中存在较为严重的现场"翻车"事件，这类事件不仅会对消费者产生伤害，也会影响电商直播行业的高质量发展。直播带货"抑恶从善"行为规范是抑制直播带货负面效应的重要手段，其中，直播带货"抑恶"行为规范主要体现在外控制度监管和内控道德约束两个方面，借助外显制度惩罚和内隐道德觉醒的力量，让直播带货行为合法合德，长期坚持逐渐内化至主播及相关主体的思维和意识中，这些可视为预防直播带货翻车的"保障"因素；直播带货"从善"行为规范主要体现在市场上直播带货认知规范的建立，具体从主播、产品和场景三个方面梳理行为规范维度和操作标准，通过主播及相关主体的认真学习，进而提高直播带货绩效，这些可视为直播带货翻车后的"激励"因素。整体来看，本讲的理论价值包括以下三方面。

第一，从多元治理宏观层面来看，补充完善了直播带货行为规范理论依据、社会临场感影响因素及拓展了其构成的理论维度。以往直播带货研究站在主播立场，聚焦正向视角，从认知单一维度讨论直播带货行为规范理论依据及社会临场感影响因素，极少有学者从反向视角研究这些问题。有些相关的研究集中在平台治理角度，但这些是从平台立场出发，针对多边主体的网络商业行为，从规制维度展开讨论。本讲与之不同的是，站在规范直播带货行为的立场，从制度规范、道德规范和认知规范三个维度，更加全面地研究了直播带货行为规范理论依据及社会临场感影响因素。

第二，从市场操作微观层面来看，完善了直播带货行为规范理论依据及社会临场感影响因素，主要体现在显性和隐性两个方面。以往直播带货研究中社会临场感影响因素多体现在"显性"方面：信息源特

征、购物特征、带货场景，这些多是量化、单向的因果研究，关注个别因素，缺乏整体全面的理论框架。而本讲通过扎根方法所总结的直播带货"抑恶从善"理论框架，不仅包含影响社会临场感的"显性—激励"因素，还包含影响带货绩效的"隐性—保障"因素。例如，制度理论框架下规制和道德方面的具体维度，以及认知方面的团队管理及技术保障等具体维度。这些可视为社会临场感影响因素及内容构成的新发现。

第三，从逻辑关系递进视角来看，整合并厘清了直播带货"抑恶从善"理论框架的关系架构。以往极少有学者研究直播带货乱象的多元共治，即"抑恶"环节，绝大多数聚焦于"从善"，像网红信息源、直播氛围、直播互动等研究，均在探索影响直播带货绩效的正向因素。即便如此，"从善"方面影响因素的研究发现依然并不全面。与以往研究不同，本讲将"抑恶"和"从善"整合起来，进一步提出直播带货"抑恶从善"理论框架：制度为外控规范，道德为内控规范，共同治理直播带货"翻车"乱象。在此基础上，主播通过不断学习改进，建立正确的市场认知规范。

八、直播带货"翻车"实践分析与指导

直播带货"翻车"的原因有很多，本讲根据实践归纳了五个方面：产品质量、直播表达、团队管理、产品介绍和直播技术。同时，就每个方面的"翻车"原因又做了细化，并且梳理了各方主体对不同"翻车"原因的态度，不同类型的"翻车"所带来的后果，以及可能避免的措施，如表8-2所示。

表8-2 直播带货"翻车"实践分析与指导

	"翻车"原因	各方态度	"翻车"后果	预防措施
产品质量	主播视角：质量控制不严、货不对板、能力不足、操作不当、不专业	官方视角：加强监管、依法追责、封杀 粉丝视角：无意过失、理性消费、虚假宣传、触碰道德底线	粉丝视角：信任缺失	主播视角：质量控制、提前测评、充分准备、业务专业
	团队视角：团队配合不佳、把关不严、测评缺失	主播视角：主动道歉、态度诚恳	主播视角：口碑下降、主播信誉受损	团队视角：严格筛选品类、加强团队配合
	商家视角：质量控制不严、产品品质不佳	商家视角：推卸责任	商家视角：品牌信任缺失、品牌形象受损、产品销量下滑	商家视角：加强售后保障
直播表达	国家视角：触碰底线问题、政治立场不明确、损害国家利益	官方视角：严厉禁止、整治整顿、封杀	商家视角：品牌信任缺失、产品销量下滑	主播视角：加强政治学习、提高文化素养、言行合宜
	商家视角：营销套路、制造话题、吸引流量	粉丝视角：小题大做、无意过失、有失妥当		
	主播视角：表述不当、文化水平低、学历低	主播视角：拒不承认、承担责任、主动道歉、虚心接受	主播视角：口碑下降、主播信誉受损	
团队管理	员工视角：无视制度、以公谋私、缺乏职业素养、道德底线低下、人品问题	粉丝视角：一味纵容、管理不善	主播视角：口碑下降、主播信誉受损	主播视角：遵守制度、提高管理能力、公私分明、言行合宜
	主播视角：管理松散、人情过重、道德绑架	团队视角：严惩不贷、及时补救		团队视角：完善团队制度、优化团队架构、加强人员管理、提高团队文化素养

续表

	"翻车"原因	各方态度	"翻车"后果	预防措施
产品介绍	主播视角：能力不足、口头失误、态度问题	粉丝视角：情有可原、严查严办、严厉禁止	主播视角：口碑下降	主播视角：端正态度、充分准备、言行合宜
	商家视角：商业套路、营销炒作、制造话题	主播视角：主动道歉、态度诚恳		
直播技术	网红视角：不专业、虚假宣传、技术故障	官方视角：法律约束、加强制度规范	主播视角：信誉受损	主播视角：充分准备、心正意诚
	商家视角：商家套路、营销炒作、制造话题、吸引流量	粉丝视角：严厉禁止	商家视角：品牌信任缺失	

资料来源：笔者整理绘制。

针对表 8-2 中的"翻车"原因，本讲结合前文的分析，从以下三个方面展开讨论并提出治理建议。

第一，从制度监管来看，直播带货"翻车"的原因有虚假宣传、货不对板、口头失误等，引起各方态度不一：粉丝认为应该理性消费；主播态度诚恳、主动道歉；部分商家一味推卸责任；政府一方加强监管、依法追责。频频"翻车"造成了主播信誉受损、口碑下降、产品销量下滑、品牌信任缺失等后果，为避免此类"翻车"事件发生，主播应做好质量控制，商家要落实售后保障，政府需加强立法执法，提高消费者对制度的信任。至今，国家和地方法律部门针对网络直播营销活动，已经加强立法并连续发布了多项文件，监管部门不断开展专项整治、规范管理行动。只有直播带货相关主体知法守法，各尽其责，才能让直播带货进入健康文明的时代。

第二，从道德约束来看，直播带货"翻车"的原因有主播的直播表达侵犯国家利益、突破道德底线，主播文化素质不高、职业素养较差等，粉丝认为有失妥当且无法原谅，有些主播拒不承认，有些主播虚心接受，同时官方明确封杀无良主播。道德层面的"翻车"导致主播信誉急剧下滑，甚至有可能被封杀，因而主播必须重视提高自身素养，厚德才能载物。他们不仅应该遵守直播带货行业的内在行为规范，更要担负起对社会的道德责任和义务。主播应在直播带货中对产品质量严格把关，强化底线思维；在直播带货中除了要遵守相关规章制度外，还要自觉规范言行；"翻车"后更要勇于承担责任，时刻绷紧道德底线的弦，避免"因小失大"。这就需要政府或行业组织引导、教育主播及相关主体提高职业道德修养和素质，严守道德底线。

第三，从认知规范来看，直播带货"翻车"的原因有能力不足、管理松散、产品质量低劣、布景粗糙、技术故障等，粉丝认为犯这类错误情有可原，亟待规范。为避免因翻车造成的口碑受损、销量下滑等后果，主播应具备规范直播带货的能力，把握市场规律。直播带货前主播应对产品品类进行严格筛选，尽量避免选择自己不擅长的品类，避免"不会做饭的人推荐锅"，因为这样很难得到消费者的信任。直播前充分了解产品，提前做足准备，避免因操作不当而现场"翻车"；而主播团队管理松散、纵容成员一味犯错，会让消费者将这类管理疏忽迁移到对产品品控的质疑上来，因而必须注重加强团队管理，建立规范的团队制度等。这些方面需要政府或行业组织进行直播带货方面的培训，让主播及相关主体学习并掌握直播带货的市场专业操作标准和规范。

《道德经》第二章讲道："天下皆知美之为美，斯恶已；皆知善之为善，斯不善已。故有无相生，难易相成，长短相较，高下相倾，音声相和，前后相随。是以圣人处无为之事，行不言之教。万物作焉而不辞，生而不有，为而不恃，功成而弗居。"译文如下。天下人都知道美好的东西是美好的话，那么丑陋的东西就显露出来了。如果都知道善良的事情是善良的话，那么不善良的事情就显露出来了。所以有和无在对立中得以形成，难和易在互相对应中得以产生，长和短在互相比较中显现，高和下在互相依赖中得以存在，音与声在互相应和中得以区分，前和后在互相对比中得以出现。因此圣人所做的事情就是顺应自然而不提倡人为的干涉，圣人推行的是不用语言的教育。圣人顺应万物的生长而不加以限制，生养了万物而不据为己有，帮助了万物而不要求它们的回报，建立了功劳而不据为己有。

  直播带货规范体系呼应了《道德经》中"善恶相生"的辩证思想：信息源特征、购物场景等要素如"有无相生"，既带来高效便捷，也暗藏虚假宣传等"恶"的隐患。制度规范如法律监管、平台治理，恰似"有为"之治，以外力约束乱象；道德规范如主播职业素养提升，则体现"无为"而治的智慧，以内生自觉促进行业健康发展。唯有将外控抑恶制度与内控从善道德相结合，方能实现直播带货行业的良性生态。

第九讲
外群体威胁和品牌族性如何影响品牌转换意愿

本讲主要研究外群体威胁给企业带来的危机。在逆全球化思潮抬头，单边主义、保护主义上升的局势下，本土品牌国际化进程中受到他国政府的制裁事件频发。因此，企业国际化危机逐渐受到学界和业界的关注。然而，以往研究侧重自然灾害、恶意竞争和媒体不实报道等外因所造成的"危"，却较少关注外因中外群体威胁（他国政府对本土品牌的制裁）所引发的"机"。鉴于此，本讲主要探讨外群体威胁和品牌族性对品牌转换意愿的影响。具体来说，当本土品牌面临外群体威胁越高时，本土消费者会表现出由外到内的品牌转换意愿越强，"我们感"在其中起着中介作用，但这一效应仅对高族性品牌成立。

第九讲　外群体威胁和品牌族性如何影响品牌转换意愿

一、外群体威胁企业品牌事件描述

当今世界正经历百年未有之大变局，在全球化的进程中，世界格局和国际秩序正在发生变化，加上新冠疫情的影响，来自外群体对本土品牌的威胁时有发生，即他国政府（外人）对本土品牌（自己人）发起制裁，这给本土品牌的经营与发展带来了重大危机。例如，近几年，美国政府机构频繁将华为、中兴、海能达、海康威视等中国企业列入实体清单进行制裁。类似的威胁也来自欧盟、澳大利亚、印度等地区或国家，只是它们对本土品牌的制裁程度有所不同。其中，比较具有代表性的事例是美国对华为和抖音海外版（TikTok）的制裁。在华为事件中，本土消费者倾向一边倒，如"我会力所能及支持华为的产品""我个人能做到的就是买华为手机不买苹果手机"等；而在抖音海外版事件中，本土消费者却众说纷纭，如"抖音加油，吃掉脸书""无所谓""中国也该禁止"等。受此启发，本讲提出研究问题：在华为被制裁事件中，本土消费者为何会产生由外到内的品牌转换意愿呢？面对来源相同的外群体威胁，本土消费者对受威胁的本土品牌（华为和抖音）态度为何迥然不同呢？

为了回答这些问题，本讲试图从以往文献中寻找答案，结果发现：以往研究侧重自然灾害、恶意竞争和媒体不实报道等外因造成的"危"，却较少关注外因中来自外群体的威胁（他国政府对本土品牌的制裁）所引发的"机"。与以往研究不同，外群体威胁认知的基础在于"内外有别"，它来自国家或民族之间的分歧与摩擦，体现在他国政府（外人）对本土品牌（自己人）的制裁，会持续相对较长的时间，可以通过谈判来改变威胁的程度或方向，介于可控与不可控之间，能够促使本土消费者对本土品牌产生民族层面的宏观联系和情感反应。

基于上述研究缺口和区别，本讲围绕"外群体威胁如何影响品牌转换意愿"这一核心问题展开讨论。本讲发现：当本土品牌面临外群体高（低）威胁时，本土消费者表现出更强的由外到内的品牌转换意愿，"我们感"起显著的中介作用。但这一效应存在情境条件，即对高族性品牌是成立的，对低族性品牌而言，外群体高（低）威胁对品牌转换意愿的影响并无显著差异。其中，"我们感"（we-ness）是一种对相似性和归属感的情感反应，它们存在于现实或想象的品牌关系之中。例如，本土消费者和被制裁的本土品牌之间（自己人）并不是实际的共同体，而是因为拥有共同的"根"，即国家民族、历史文化等，而产生的一种宏观现实或想象的共同体。品牌族性（brand ethnicity）是指品牌与某个特定族群的文化相联系，而形成对该品牌社会化历史的文化联想和认同程度。目前，学界对品牌族性的研究成果相对较少，而且这一概念在西方情境下提出时，依托的政治体制及现实族群结构特征与中国情境存在较大区别，因为中国各少数民族之上是中国共产党领导下的、统一的中华民族。所以，品牌族性的维度构成及测量指标需要结合中国情境作进一步的修订。

二、品牌危机的来源

一直以来，品牌危机都是一个重要的话题，吸引了诸多学者的深入研究和业界的广泛关注。从定义来看，学者说法不一。有学者认为品牌危机是指品牌主张被证伪而被广泛宣传的事件，从而严重影响消费者对品牌的信任。也有学者认为它是品牌预期利益受到威胁，进而削弱品牌资产的突发事件。还有学者通过对比产品伤害危机、企业危机和公共危机，将品牌危机定义为由或真实或虚假的负面信息引发的实发性事件，这些信息损害品牌形象、削弱消费者信任，最终对品牌资产造成实质性伤害。不难看出，在上述定义中对品牌危机的来源表述相对模糊。

但在具体研究中，关于品牌危机来源的分类界定相对比较清楚，整体来看，可分为内因和外因。其中，内外因的边界在于危机事件的发生源是否可控。据此，有学者将品牌危机划分为可控型和不可控型。前者指危机在企业意志控制范围之内（如因航班公司没有做好预防工作导致航班取消）；后者指危机在企业意志控制范围之外（如天气原因导致航班取消），即消费者感知到危机发生并非人为，而是由不可控因素造成的。也有学者根据品牌危机是否由企业自身原因造成，将品牌危机划分为主动性危机和被动性危机。具体来说，主动性危机是由于企业自身经营管理不善，引发的产品质量问题等或者违背商业伦理道德的一系列危机事件。被动性危机是由于外部环境的变化，如自然灾害、竞争对手恶意造谣中伤、媒体不实报道等因素引发的危机。

近几年，虽然有学者分别对外因中的自然灾害、恶意造谣中伤、媒体不实报道所造成的"危"展开研究，但依然鲜有学者关注外因中来自外群体的威胁（他国政府对本土品牌的制裁）所引发的"机"。从实践来看，如今国际体系和国际秩序深度调整，国际力量对比深刻变化，本土品牌频繁面临来自外群体的威胁，由此引发的危机严重影响了品牌国际化进程。从理论来看，外群体威胁与其他外部成因（自然灾害、恶意造谣中伤、媒体不实报道）造成的品牌危机有着以下本质区别。

第一，从国家或民族层面来看品牌危机的成因，来自"外"群体（外人）的威胁，是相对于"内"群体（自己人）而言的，各主体认知的深层逻辑是"内外有别"。这一点在以往品牌危机研究中基本没有体现。第二，本讲所提到的"外群体威胁"是指他国政府对本土品牌的制裁，其威胁的力量或程度、持续时间和品牌应对方式等均与以往研究存在较大差异。第三，来自外群体的威胁会从民族或国家层面，激发本土消费者对本土品牌的宏观情感反应——"我们感"，而且品牌族性这一宏观特征起着显著的边界作用,这在品牌危机其他外部成因的研究中难以出现。第四,以往品牌危机对企业绩效的影响基本是"危",而本讲中来自外群体的威胁对企业本土绩效的影响却存在"机"。

三、"我们感"概述

"我们感"最初源自社会学中的"集体身份"(collective identity),早期杜尔凯姆(Durkheim)的集体意识、马克思(Marx)的阶级意识以及滕尼斯(Tönnies)的共同体与社会理论,为"我们感"的提出做了很好的积累和铺垫。"我们感"概念的提出,为政治和国际关系学,以及社会心理学等领域的学者理解集体身份形成的过程提供了很大的帮助。简单来讲,它是从人际关系的紧密性与依附性中产生的,是自我身份从"我"转移到"我们"的过程,一旦形成边界,可用于区别"自己人"(我们)和"外人"(你们或他们)。

关于"我们感"的定义,有学者认为它是一种想象或现实的共同体,或者说它是一种与一群具有或被认为具有某些共同特征的人共享的身份。也有学者认为它是一种对相似性和归属感的情感反应,存在于现实的或想象的与他人间的关系之中。比如,人们通过某种文化意识表达对同一民族的身份认同,人们之间就会产生一种"我们感",即感觉与其他做同样事情的人有联系,但实际上并不认识或了解他们。用本土语言来讲,就是"小我"中有"大我","大我"中有"小我",如图9-1所示。

关于"我们感"在营销领域的研究,目前发表的成果比较少见。现有文献一方面体现在品牌社区研究中。比如,"我们感"强调的是品牌社区成员间对彼此的感觉,以及对不在品牌社区中的消费者间的差异。其中,"我们感"的建立借助了品牌社区成员间的消费经历和价值联系。

另一方面体现在全国品牌塑造研究中。比如，有学者研究如何通过建立"我们感"塑造全国品牌身份的过程和机制，利用"我们感"将品牌的角色身份从微观的企业层面上升到宏观的国家层面。

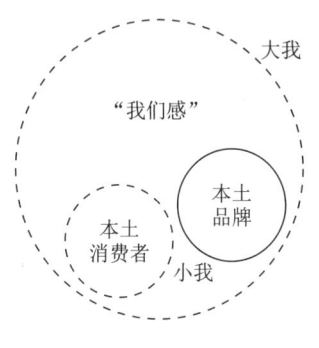

图 9-1 "我们感"释义

在社会学和营销领域对"我们感"的定义及相关研究的基础上，本讲结合自身研究情境和内容，认为"我们感"是在本土消费者与本土品牌拥有共同国家民族、历史文化等宏观联系的基础上，面对外群体威胁，所激发的本土消费者对本土品牌相似性和归属感的情感反应。"我们感"既可以存在于消费者与品牌间的现实关系中，也可以存在于想象的关系中。

四、以往学者对品牌族性的界定及测量

（一）国外学者对品牌族性的界定及测量

按照以往品牌似人的研究经验和逻辑，品牌族性的研究应依托于人类族性的研究。根据民族认同理论，人类族性包括三个构成要素：生物和外观特征（外观/人种差异）、个性特征（感知/实际个性差异）、文化价值和规范（自我/社交/外部控制导向）。在此基础上，国外学者结

合社会身份理论提出品牌族性的概念，认为它是消费者对品牌所属的某个特定/亚族群在文化层面联想和身份识别的程度。类似地，也有学者提出产品族性的概念，强调无论何种族性，其中的文化联想和身份识别才是概念的要点，它们既依托于来源国/地考虑和有形产品/族群评价，但又超出了这些物理特征或客观载体。

具体研究主要体现在"前因"和"后果"两个方面。前因指品牌族性建立的过程，"我们感"是建立品牌族性的关键过程和解释机制，企业可以利用"我们感"将消费者与品牌间的关系从自身微观层面提升至宏观族群层面。"后果"指品牌族性对消费者行为的影响，例如在虚拟情境下，西班牙裔消费者对美国文化的适应水平和品牌族性感知会显著影响他们对品牌的偏好。

（二）国内学者对民族品牌的界定及测量

在国内学者的研究中，与品牌族性相近的概念是民族品牌。截至目前，虽然学界对民族品牌的界定也是依据社会身份理论，却并不清晰一致。代表性观点包括以下几种。有人把在中国内地注册并生产经营于此的品牌视为民族品牌。也有人认为民族品牌应具备五个基本属性：品牌来源的地域属性，即发源于本土，而且在经营过程中必须根植于本土；品牌的文化属性，除了具备本土文化，在国际化过程中可以融合异域文化；品牌创始人民族属性，为中华民族血脉；品牌所有权的资产属性，拥有无形资产的掌控权；品牌运营权的管理属性，必须在品牌运营方面具有决策控制权，但不一定是完全控制。也有学者通过询问被试"您认为中华民族品牌的构成要素有哪些？"归纳总结出五个维度，即资本属性、历史维度、文化内涵、国民身份、市场表现，据此针对民族品牌进行是非判断，并未严格按照学术规范流程（如探索性和验证性因子分析等）进行量表开发。

因此，有学者认为要慎用民族品牌的概念，原因在于：第一，民族品牌的概念界定不清晰；第二，民族品牌的核心诉求与我国改革开放的时代大势相悖；第三，对那些立志成为全球品牌的企业而言，给其贴上民族品牌的标签，反而会影响它们走向国际市场。民族品牌与品牌族性的区别在于：前者的判定只有两面性（是与否），它是品牌社会身份的一个标签；后者的判定可分为高/低，同时也具有两面性（本族/他族导向），它是本土消费者基于想象共同体，对本土品牌在族性方面的群体共同主观意识的存在或期望。

（三）相关概念的评价分析

第一，从国外学者的研究来看，仅从身份识别和文化联想视角基于特定/亚族群对品牌族性进行界定和测量是远远不够的，未能从本土消费群体共同期望视角，结合社会身份理论对品牌族性的构成维度及其测量展开系统深入的梳理分析。第二，从国内学者的研究来看，虽然也是依据社会身份理论，但并未明确提出品牌族性的概念，而民族品牌的属性或判别维度是如何提出的？民族品牌内涵的量表是如何提出的？对这些问题国内学者并未说明。第三，从中西方情境对比来看，国外学者对品牌族性的界定是基于亚文化或某特定民族的，而中西方情境下国家政治体制、民族结构和文化等方面的不同，均会造成中国情境下品牌族性的构成维度及测量指标存在显著差异。

五、中国情境下品牌族性的内涵及构成维度

结合以往族性和品牌族性的概念，本讲认为品牌族性是指本土消费者对本土品牌在血缘、政治和文化等方面的社会建构、社会动员，以及围绕它们所建立起来的分类系统的逻辑内涵构成，它是本土消费族群对品牌的共同主观意识存在或期望。中国情境下品牌族性构成维度（见

图9-2）包括：国产身份、政治立场、市场表现、国家贡献和民族文化。国产身份（是/否）和政治立场（本族/他族导向）是"底线"，具有两面性，国产身份一旦为"否"，政治立场一旦为"他族导向"，企业品牌的身份则会发生变化，将被本土消费者视为"外人""背叛民族"等。因此，它们体现的是本土品牌对中华民族的根本态度，即"忠诚"。

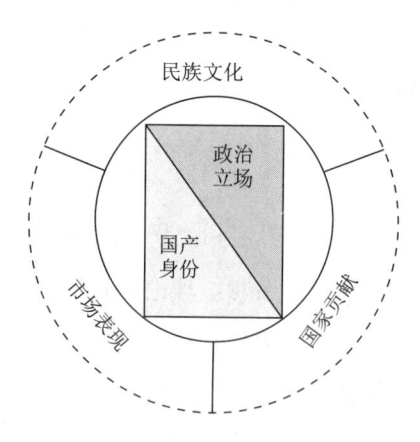

图9-2 中国情境下品牌族性的构成维度

市场表现和国家贡献分别对应"能力"和"责任"。结合群际（内/外团体）理论，对国外市场而言，本土消费者会怀着"望子成龙"的心情，期望本土品牌在"能力"（才）方面能够"出类拔萃"，成为"光宗耀祖"的品牌。如果它们做的"不尽如人意"，就会让民族共同体"颜面扫地"。对国内市场而言，本土消费者会期望本土品牌在"责任"（义）方面"全力以赴"，成为"益国利民"的品牌。

民族文化这个维度是"特色"。从外显视角来看，它体现在本土品牌经营管理的"言行"中；从内隐视角来看，它根植于本土企业全员的"潜意识"中，可以通过有形的展示或载体传递无形的中华民族文化。

因此，这五个维度既有隐性的，也有显性的；不仅有对国内的，也有对国外的；只是在不同情境下侧重不同而已。

六、外群体威胁对品牌转换意愿的影响过程

结合本讲研究内容，当今世界格局和国际秩序正在发生变化，不同国家的利益正遭受不同程度的影响，国家间的分歧和摩擦时有发生。因此，本土品牌在全球化的进程中，将会面临一种新的危机：外群体威胁。这种威胁与以往市场上企业间的恶意竞争，以及自然灾害、媒体不实报道等不同，它主要来自他国政府机构对本土品牌在他国市场的准入制度和限制措施等。外群体威胁这一情境线索在互联网公开披露下具有易获得性，这将会激发本土消费者认知上"内外有别"的深层逻辑。这种深层逻辑源于中国文化思维中，常常以家族关系外推延伸至社会关系，依据血缘、地缘、国家或民族等为边界划分"自己人"和"外人"。当外群体中他国政府的举措威胁到本土品牌时，本土消费者将会从国家或民族的层面来认识这种威胁，因为能走向国际化的本土品牌承载着国人、国家和民族的期望。研究表明：国际市场上，一国的企业品牌代表着一国的文化或人，尤其是在信息处理简化机制的影响下，本土消费者会以自我为参照，视本土品牌为内群体成员，视他国政府为外群体成员。当面对外群体威胁这种外力时，本土消费者与本土品牌之间，会因为拥有共同的"根"——国家民族和历史文化等宏观的身份特征，而形成一种现实的或想象的共同体，来体现内群体成员间的内在联系，由此产生"我们感"。

营销领域有关消费者身份与品牌间的关系，研究成果比较丰富，大致可分为两类：一类研究消费者身份对品牌选择的影响；另一类研究品牌如何帮助消费者创建并管理他们的身份。在第一类研究中，包括性

别、道德、双重文化、国家、民族等身份都会影响消费者对品牌的态度和行为；在第二类研究中，消费者会通过品牌的拥有和使用，一方面表达自己，另一方面融入他们渴望的群体，并用以证明他们的群体身份。无论是哪一类研究，都说明一个问题：消费者身份与品牌间的关系密不可分，并相互影响。前提条件是：消费者的身份集是一个过滤器，只有当情境线索激发出某个凸显的身份时，该身份才会与品牌建立相应的联系，进而对后续的品牌态度及行为产生影响。

随着外群体威胁程度的提高，内群体成员间在宏观身份特征方面的相似性或归属感将得到加强，也就是本土消费者与本土品牌间的"我们感"得到提高。根据内群体偏见理论，本土消费者为了维护自身及其所属群体成员的利益，他们会想尽办法表达并保持与内群体利益一致的态度和行为，而极力去避免与竞争性外群体间的正向联系，也可以说是表达或做出对外群体成员负面的自我—品牌联结。根据认知失调理论，当本土消费者内群体身份（自己人）凸显时，他们需要做出与其相一致的行为来维持认知方面的一致性，否则，将会出现认知和后续行为上的失调。将内群体偏见和认知失调两个方面的逻辑结合起来，应用至外群体威胁情境下的品牌选择上，就是本土消费者将会减少或降低对竞争性外群体品牌的支持，而增加对本土品牌的支持。所以，我们认为：随着外群体威胁的提高，"我们感"也会随之提高，进而会让本土消费者产生更高的、由外到内的品牌转换意愿。

七、外群体威胁情境下品牌族性如何发挥作用

根据前文品牌族性定义的分析可知，品牌从诞生就开始有族性的归属，但在其成长的过程中，族性的高低难免会出现差异。基于此，本讲认为，从"先天"的视角理解，品牌族性是某个族群品牌原生的、趋于

稳定的品质，它是该族群品牌存在的禀赋之一，被视为品牌基因选择和包容性适应过程的延续，它超越了品牌成长阶段及高管团队的更替。从"后天"的视角理解，品牌族性并非一成不变，在其成长和发展的过程中，其族性可能会因注册地、创始人和控股权等方面的变更，而改变它原来的族性归属；也有可能因为在市场外显的经营行为中，所表达和传递的民族文化、国家贡献及市场表现不如消费者预期，而被消费者认为品牌族性偏低。

从企业内部来看，品牌族性的高低实际上是其核心高管团队有意或无意的一种战略选择，取决于他们对族性与全球化兼容及冲突的理解和执行。无论族性高低，其基本条件是注册地、创始人以及控股权是否归属于本国。从企业外部来看，品牌族性的高低主要体现在消费者对品牌在民族文化、国家贡献和市场表现三方面的整体感知上。高族性品牌意味着它的市场行为体现出较高的国家贡献或较好的民族文化和国际市场表现。这一类品牌基本上具备三个方面的特征：代表性、榜样性和稀缺性。

从中国文化来看，一个人优秀或成功的动力往往与共同体（家庭、家族、宗族、中华民族）的期待与支持有直接的关系，他的优秀或成功是整个共同体的众望所归。为此，无论在名义上还是实质上，当这个人在通往成功的道路上遇到任何客观困难或来自外人的威胁时，内群体成员（自己人）都会全力以赴地促成这个人的成功，而这个人的成功也不仅是他个人的成功，更是整个共同体的成功。总而言之，消除外来威胁和求取功名几乎积聚了一个共同体内的所有能量。此逻辑适用于国人对高族性品牌的期许和态度。因此，与外群体低威胁相比，当面临来自外群体（外人）的高威胁时，本土消费者更容易将自己对本民族利益的维护，以及情感上的热爱转移至高族性的品牌。此时，本土消费者会与高族性品牌形成更加紧密的"我们感",进而做出更高的由外到内的品牌转换意愿或行为。

相反,低族性品牌虽然在注册地、创始人以及控股权等方面归属于本国,符合最基本的条件,但这一类品牌在整个族群中占比较高,不具有代表性和稀缺性,而且它们的市场行为在民族文化、国家贡献和市场表现三个方面做得也不够优秀,更不具有榜样性。因此,当面对来自外群体的高威胁时,正是因为低族性的品牌在这三个方面表现不佳,同时这一类品牌在整个族群中占比较高,实体性感知较差,会稀释本土消费者对低族性品牌的关注和支持。这种稀释或弱化的力量将会削弱来自外群体高威胁对"我们感"的影响,如此一来,本土消费者就难以将自己对本民族利益的维护,以及情感上的热爱转移至低族性的品牌。

同样从中国文化来看,如果个体获取的资源越多或社会价值越大,个体的独立就会越被鼓励,那么他就越可能个人独享这些资源,减弱与共同体之间的责任和义务关系。如此,个体将不再背负共同体的期许,也不再是众望所归。那么,当这个人在通往成功的道路上遇到任何客观困难或来自外人的威胁时,内群体成员(自己人)将通过减少支持进行谴责,弱化其个人奋斗所产生的人生意义。此逻辑适用于国人对低族性品牌的期许和态度。因此,与外群体低威胁相比,当面临外群体(外人)高威胁时,本土消费者与低族性品牌就难以形成更加紧密的"我们感"。因此,在品牌转换意愿方面也就难以形成显著的差异。所以,我们认为:当本土品牌族性为高时,与外群体对本土品牌低威胁相比,外群体高威胁对品牌转换意愿的影响更大;但是当本土品牌族性为低时,与外群体对本土品牌低威胁相比,外群体高威胁对品牌转换意愿的影响无显著差异。

八、外群体威胁和品牌族性的研究价值

第一，本讲首次引入"外群体（外人）威胁"这一概念作为品牌危机的外部成因之一。以往研究侧重外因（自然灾害、恶意竞争和媒体不实报道）所造成的"危"，却较少关注外因中来自外群体的威胁（他国政府对本土品牌的制裁）所引发的"机"。与以往研究不同的是，本讲所研究的外群体威胁来自政府机构层面，它介于可控与不可控之间，所引发的消费者心理反应、企业绩效以及边界条件均存在较大差异。这一做法将为品牌危机方面的研究拓展新的空间，指明新的方向。

第二，在外群体威胁对品牌转换意愿的影响过程中，揭示了"我们感"存在显著的中介作用。这与以往研究中消费者对危机来源简单归因（可控/不可控、内部/外部、偶然/连续）的微观心理机制不同，本土消费者与本土品牌之间（自己人），基于共同的国家民族和历史文化等方面的相似性或归属感，会形成一种民族共同体和新的情感反应（即"我们感"），它存在于现实或想象的品牌关系之中。因此，与以往品牌危机相关研究相比，"我们感"的中介可视为一个新的宏观层面心理机制的发现。

第三，归纳了中国情境下品牌族性的构成维度并修订了其测量指标。西方情境下品牌族性的概念及测量，仅仅围绕特定族群的文化联想和认同显然是不够的。中国情境下族群结构及政治体制与西方国家不同，因此，本讲采用访谈的方式，通过扎根理论的方法，发现品牌族性的构成维度包括：国产身份（"根"——诞生地、国民身份、控股权）、政治立场、民族文化（民族特色、民族情感、家国情怀、民族精神）、国家贡献（利国利民、民族担当）、市场表现（自主创新、国际影响）五个维度。族性的高低却只包括后面三个维度（"枝干"），并据此对品牌族性的测量指标进行了修正和检验。

第四，在外群体威胁对品牌转换意愿的影响过程中，发现了品牌族性这一新的边界条件。以往有关品牌危机来源于外部的研究，大多是从危机本身的严重程度、消费者视角的危机归因，或者从企业层面的微观特征作为条件或边界展开分析。而本讲则从品牌的宏观特征——族性的视角出发，以探讨消费者对品牌族性的感知作为边界条件。这一发现从理论上来看，拓展了外群体威胁对品牌转换意愿是否存在显著影响的情境条件。

九、外群体威胁和品牌族性的管理启示

第一，帮助企业认识到：来自外群体（外人）的威胁，虽然会威胁到国外市场的绩效，但同时也会给本国市场带来机遇。在本土品牌全球化的进程中，世界格局和国际秩序正在发生变化，来自外群体的威胁时有发生。此时，本土品牌应以全球的视野以及"此消彼长"的思维看待市场上的威胁和机会，当受到外群体威胁时，本土品牌应重视本国市场上消费者（自己人）的心理与行为反应，抓住机遇进行品牌诉求的传递和传播，争取"自己人"的支持，实现本土消费者由外向内的品牌转换。

第二，启发企业深刻理解本土消费者与本土品牌间"我们感"的形成及其重要作用。"小我"中有"大我"，"大我"中有"小我"。当本土品牌面临来自外群体威胁时，会增加内群体成员（自己人）之间的"我们感"。研究表明：本土消费者常常会把本土品牌当成内群体成员，无论在现实的还是想象的品牌关系之中，都能产生"我们感"。而这种感知很大程度上是由先天因素造成的，即本土消费者和本土品牌之间拥有共同的国家、民族和历史文化等。因此，"我们感"不容忽视。

第三，指导本土企业构建中国情境下的品牌族性。中国情境下本土

品牌该从哪些方面建构自身的族性呢？这与西方情境下的研究结论不同。本讲提出建构族性首先从身份（"根"）上着手，需要是国产身份，体现在品牌的诞生地、国民身份、控股权三个方面。其次是政治立场，体现在响应国家政策、维护国家形象和利益、坚定立场、忠于国家；再次是民族文化，在市场上的各种行为要体现民族特色、民族情感和民族精神，以及家国情怀。最后是国家贡献和市场表现，国家贡献体现在要有民族担当，利国利民；市场表现体现在自主创新和国际影响两个方面。做到这些，本土品牌将能在国际市场展现中华民族的形象。这些均来自"自己人"对本土品牌的期望，也是众望所归的指向。

第四，有利于本土企业认识到在品牌国际化进程中族性的重要性。从整个国际市场来看，虽然全球化的趋势不可改变，但在"你中有我，我中有你"融合的过程中，一旦触及各国或各民族的重要利益时，依然会出现"你是你，我是我"的局面。对此，本土品牌要有全球观，在全球不同市场间去平衡各种威胁和机遇，合内外之心，才能成巩固之业。按照做一个"中国的世界人"的逻辑，企业应努力做一个"中国的世界品牌"（见图9-3），既要承担起人类命运共同体的光荣使命，又要展现中华民族的"独特元素"。因为无论何时国际化的本土品牌都是"龙的

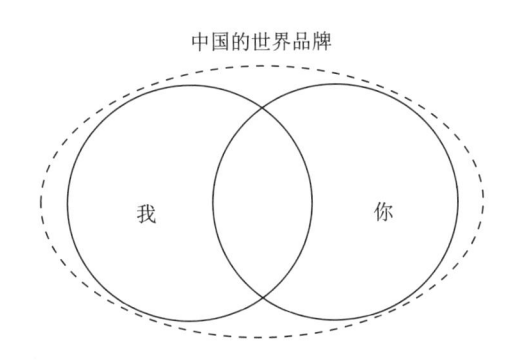

图9-3 做一个"中国的世界品牌"

传人",是"中华儿女",代表着中华民族的形象。在本土品牌国际化进程中,从这样的视角来理解,品牌族性就显得越发重要了。

《道德经》第四十二章讲道:"万物负阴而抱阳,冲气以为和。人之所恶,唯孤、寡、不榖,而王公以为称。故物,或损之而益,或益之而损。"译文如下。万物都包含着阴气和阳气两个对立面,它们通过互相激荡而得以调和。人们最厌恶的名称就是"孤""寡""不榖",但王公却用这些字来称呼自己。所以说做事往往如此,本意也许是想减损它,却反而增加了它;本意也许是想增加它,却反而减损了它。

前文中,外群体威胁可视为"阴",品牌族性可视为"阳",二者相互作用形成动态平衡。外群体威胁虽为不利因素,却激发了本土消费者的"我们感",促使他们支持本土品牌,体现了"损之而益"的转化逻辑。高族性品牌凭借深厚的文化根基,在危机中更易获得消费者认同,将威胁转化为机遇,这恰似阴阳调和、危机中孕育新生的过程。

第十讲

依法维权还是营销沟通?自媒体环境下被伤害品牌应对策略解析

本讲主要研究社交媒体环境下，"弱者"伤害"强者"后，"强者"该如何应对。以往研究主要关注企业伤害消费者及其应对，遭企业伤害后消费者维权和消费者伤害企业行为研究三个方面。围绕这一核心问题，本讲结合传统智慧，分别从法律维权和营销沟通两个方面进行分析。法律维权分为三个阶段：公开声明追责（震慑）、索要经济赔偿（依法）和提供社会支持（用情）；营销沟通分为三个视角：受害企业自身（"强者"示弱）、旁观消费者（转移矛盾）和侵权消费者（阴中有阳）。

第十讲 依法维权还是营销沟通？自媒体环境下被伤害品牌应对策略解析

一、社交媒体环境下"弱者"伤害"强者"事例描述

社交媒体环境下，一个消费者不仅能创造出各种各样的"声音/行为"，也能让上百万人"听/看"到自己的"声音/行为"。其中，个体消费者有意或无意伤害品牌的"声音/行为"近年来变得越来越多，在社交媒体的推波助澜下，它们很容易引发消费者间的相互传染及情绪共鸣，形成无意识的心理群体，产生排山倒海般的群体极化力量，对企业品牌造成极大伤害。例如，天猫平台调查数据（2017）显示，社交媒体环境下，有64%的商家曾遭受消费者不同方式的伤害。其中，某品牌因被消费者造谣"官方旗舰店未经品牌授权"，随后谣言以迅雷不及掩耳之势在网络上扩散，导致公司销售额锐减40%。此时，如果企业置若罔闻，则只能默默承受因网络广泛传播带来的群体极化伤害之痛；如果企业应对不慎，又容易引发旁观消费者群体极化负面结果。

实践表明，面对情绪共鸣的无意识心理群体，企业若按照传统逻辑简单采用法律武器维权，反而可能会让品牌深陷危机。问题出在哪里呢？一方面，在自媒体环境下，消费者自发的声音/行为，正在挑战着企业的官方声音/行为。这种双向的交流互动使企业和消费者间的力量发生转换，进而挑战了企业危机应对的传统逻辑。另一方面，在法律维权过程中，如果企业忽视了和侵权消费者间的"强弱"对比，就会让旁观者产生企业没有人情味或不公平的感知，在自媒体环境下通过情绪传染形成群体共鸣，最终集结成群体极化的力量。

二、企业与消费者之间的伤害及应对

面对上述情况，我们不禁要问：在以数字化技术为基础的自媒体环境下，带有强者刻板印象的品牌，该如何应对来自带有弱者刻板印象的消费者的侵权伤害呢？以往业界和学界有关品牌和消费者间伤害后的应

对策略研究主要集中于以下三个方面，如图10-1所示。

```
┌─────────────────────────┐         ┌─────────────────────────┐
│ ①企业伤害消费者及其应对  │◄───────►│ ③消费者伤害企业行为研究  │
│ * 产品质量伤害后的应对   │         │ * 消费者非伦理行为       │
│ * 服务失败后的补救应对   │         │ * 消费者偏离行为         │
└─────────────────────────┘         └─────────────────────────┘
            ▲                                    ▲
            │                                    │
            ▼                                    ▼
┌─────────────────────────┐         ┌─────────────────────────┐
│ ②遭企业伤害后消费者维权 │◄───────►│ ④                       │
│ * 消费者的维权意识和成本 │         │ 在以数字化技术为基础的自 │
│ * 数字商业平台的制度设计 │         │ 媒体环境下，消费者伤害品 │
│ * 消费者维权法律制度的完善│         │ 牌后，企业该如何应对     │
└─────────────────────────┘         └─────────────────────────┘
```

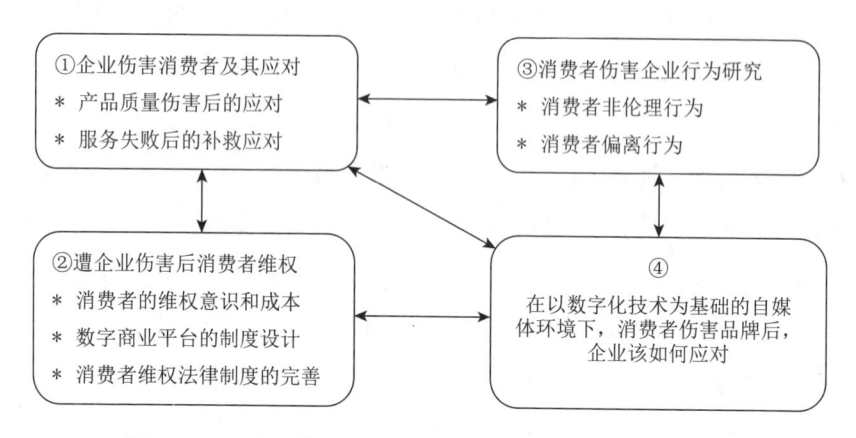

图10-1　以往品牌和消费者间的伤害及伤害后应对策略梳理

（一）企业伤害消费者及其应对

企业伤害消费者及其应对主要体现在"强者"伤害"弱者"后，"强者"的应对和赔偿方面，企业应对的动机侧重向"外"。这方面的文献基本上是实证量化研究，可归纳为以下两点。

第一，产品质量伤害后的应对，又可分为不考虑危机情境的一般应对和考虑危机情境的具体应对。不考虑危机情境的一般应对按照从对抗否认到主动赔偿的逻辑进行了详尽的归纳：企业应对策略可分为保持沉默、否认、辩解和承认，其中承认包括道歉、被迫召回、主动召回、非常努力地应对。考虑危机情境的具体应对主要从危机类型或情境展开研究：对可辩解型产品伤害危机，辩解是最优策略；对不可辩解型危机，和解是最优策略；对功能性危机，企业自我揭露危机信息策略能有效提升危机的修复效果，但该策略对低声誉品牌发生的道德型危机应对效果并不明显；当品类中某品牌的产品危机发生溢出效应时，竞争品牌主动否认问题，会使消费者的态度更正面。

第二，服务失败后的补救应对，又可分为有形补救和无形补救。其中，有形补救主要涉及赔偿、礼物、折扣、免单、退款以及亲社会补偿等方式，而无形补救主要包括道歉、解释、快速回应、关心、礼貌应对等心理层面的补救方式。这两类补救策略经常需要结合使用。随着网络的发展，有学者对线上的服务补救形式进行了探究，并指出补偿、快速回应和道歉三种策略的配合使用才能起到最优的补救效果。在群体服务失败的背景下，给予经济补偿，公开模式比私下模式更好；给予社会补偿，私下模式比公开模式更好。除此之外，还有学者从情绪和感官方面提出了服务补救策略。比如，自嘲式幽默对顾客有积极影响，但同时也表明，这种幽默必须被消费者感知为特别有趣。

（二）遭企业伤害后消费者维权

遭企业伤害后消费者维权主要体现在"强者"伤害"弱者"后，"弱者"的维权分析方面，消费者维权的动机侧重向"内"。这方面的文献基本上是思辨和质性的研究，可归纳为三个方面。

首先是消费者的维权意识和成本。维权形式主要包括两大类：理性维权和情感维权。理性维权主要指消费者通过法律途径或政策程序来维护自己的合法利益。在此过程中消费者要付出高昂的维权成本，其原因主要有三个：维权程序复杂，耗费时间长；维权举证难度大；维权费用投入大，结果回报小。情感维权主要指消费者个人或群体通过情感化表达的方式进行维权，已成为弱者维权的主要手段。作为弱者的消费者可以利用网络的公开性、便捷性等优势，通过网络爆料的方式引起相关政府部门的关注，加速维权过程。虽然有学者提出悲情叙事、弱者武器以及正义之名可以作为网络维权的方式，但也指出网络维权会出现泛道德化倾向，消费者试图通过道德情感干预法律的审判，也将会影响人性伦理和法治理论之间的平衡。

其次是数字商业平台的制度设计。随着互联网的发展，第三方平台成为连接消费者和企业的重要桥梁。在企业对消费者造成伤害时，如何更好地帮助消费者维权，是平台亟待思考的问题。研究结论主要有：平台经营者应该以法律为约束，严格把控经营者准入门槛；审查企业资质、经营存续状况、进货渠道、货源的真实性、信用情况等；经营者进行实名登记，定期对经营者信息变动进行审核与审查，从根源上将不良商家拒之门外。平台要加强监管，建立公平的网络环境。比如，平台监管能够降低商家诱导评论对消费者造成的伤害，有利于形成公平竞争。平台要建立统一的投诉和纠纷解决机制，也可建立全国统一的网上消费者投诉举证中心，使投诉问题可以在该中心集中处理，及时有效地帮助消费者举证和维权。

最后是消费者维权法律制度的完善。政府应努力推进维权知识的宣传普及，使维权知识家喻户晓，同时优化消费者维权程序，根据消费者维权难度、事情的复杂程度，建立与之相匹配的维权程序，使消费者在合法权益受到损害后能够迅速有效地进行维权。另外，还应健全法律法规，完善精神损害赔偿制度和惩罚性赔偿制度。消费者维权的动力主要来自两个方面：心理和物质。从心理层面来看，法律应完善精神损害赔偿制度。对消费者而言，扩大精神损害赔偿的范围，尤其是消费领域，对提高消费者的维权效果，降低维权成本是非常必要的。从物质层面来看，法律应不断规范惩罚性赔偿制度，目前已有法律明确规定了各种情况下经营者的赔偿数额。

（三）消费者伤害企业行为研究

消费者伤害企业行为研究主要体现在"弱者"伤害"强者"的行为分类上，伤害的动机侧重向"外"。这方面的文献可归纳为两个方面：非伦理行为和偏离行为。虽然表达不同，但本质上还是存在较多的相同

第十讲 依法维权还是营销沟通？自媒体环境下被伤害品牌应对策略解析

之处。第一方面是消费者非伦理行为，它是指消费者在获取、使用或处置商品和服务时的不当行为。对企业来说，这种行为会极大地增加企业的交易成本，损害企业利益。消费者非伦理行为包括线下行为和线上行为。线下行为包括主动获利的非法行为、被动获利行为、主动获利的问题行为和无伤害行为。主动获利的非法行为主要指由消费者主动发起且不合法的行为，如入店行窃、逃税漏税等。被动获利行为是指消费者在损害他人利益的情况下被动受益，如购物时少算钱却不说出。主动获利的问题行为是指由消费者主动发起且被多数消费者认为有问题（不至于违法）的行为，如随意退货。无伤害行为是指产生负面影响非常小的行为，如长时间试穿却不购买。线上行为包括扰乱秩序行为、恶意利己行为、节制伤害行为和侵犯版权行为。其中，扰乱秩序行为包括消费者出于泄愤等目的，从事网上滋扰、向同意货到付款的商家提供假地址、网络调查中恶意投票、给予商家差评等行为。恶意利己行为是指消费者牺牲企业利益来维护自己利益的行为。节制伤害行为是指消费者主观上想获利，但对企业造成的伤害是有节制的。侵犯版权行为主要指非法和非理性地使用和传播版权产品的行为。

第二方面是消费者偏离行为，它是指消费者在线上或线下环境中，侵害企业及其员工或者其他消费者的资源、安全和形象等方面的行为。这些行为使企业财务或其他资源蒙受损失，如损坏服务设施、损害品牌形象。伤害企业的典型例子包括入店行窃和故意破坏。此外，随着零售环境和技术的演变催生出一些新的伤害企业的偏离行为。例如，自助收银台的普及使某些消费者可以在结帐环节漏扫或不扫商品以牟利，或者将昂贵的商品作为便宜的商品结账。除了传统的零售渠道，某些消费者在社交媒体环境下仍然存在一些伤害企业的偏离行为。例如，对众多数字信息服务提供商来说，数字化媒体技术下的盗版就是他们面临的巨大问题。另外，许多消费者意识到他们可以通过在网上发表消极评论或参与在线社区来损害企业的声誉。社交媒体为消费者交换信息、协调行动提供了极大便利，使他们能够联合起来对企业造成伤害。因而线上反企业或反品牌社区如雨后春笋般涌现，这些社区以对品牌抱有仇恨和强烈的负面情绪为特征，严重损害了消费者和企业之间的关系，进而会削弱品牌实力，影响企业利润。

显然，图 10-1 中的第四种情况，从根本上来讲，与前面三种是不同的，它体现的是：自媒体环境下，"弱者"伤害"强者"后，"强者"该如何应对？其动机侧重向"内"。另外，前三种情况中的伤害和应对侧重体现在施害者和受害者双方个体层面，而第四种情况的伤害和应对，在以数字化技术为基础的自媒体环境下，极易触发网络群体的情绪传染，最终导致群体极化效应的发生，给企业应对带来了极大的困扰和挑战。

本讲从法律维权和营销沟通两个视角，试图回答以下两个问题。第一，自媒体环境下，带有强者刻板印象的受害企业，在运用法律手段惩罚带有弱者刻板印象的侵权消费者的过程中，如何将"情理"与"法理"结合，获得旁观消费者群体的极化支持？第二，自媒体环境下，带有强者刻板印象的受害企业，该如何表达自己是一个受害者？该如何与旁观消费者建立统一战线？该如何消除因惩罚侵权消费者引发的旁观消费者群体极化反对？

三、社交媒体环境下，"弱者"伤害"强者"后，"强者"该如何进行法律应对

从法律维权视角来看，根据伤害事件发生后的过程逻辑分析及应对策略和传统智慧体现，如图 10-2 所示。

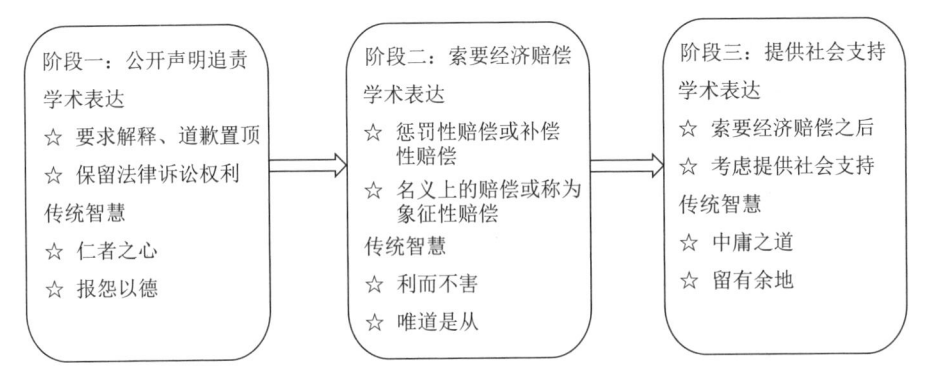

```
┌─────────────────┐      ┌─────────────────┐      ┌─────────────────┐
│ 阶段一：公开声明追责 │      │ 阶段二：索要经济赔偿 │      │ 阶段三：提供社会支持 │
│ 学术表达         │      │ 学术表达         │      │ 学术表达         │
│ ☆ 要求解释、道歉置顶│ ───→ │ ☆ 惩罚性赔偿或补偿│ ───→ │ ☆ 索要经济赔偿之后│
│ ☆ 保留法律诉讼权利 │      │   性赔偿         │      │ ☆ 考虑提供社会支持 │
│ 传统智慧         │      │ ☆ 名义上的赔偿或称为│      │ 传统智慧         │
│ ☆ 仁者之心       │      │   象征性赔偿     │      │ ☆ 中庸之道       │
│ ☆ 报怨以德       │      │ 传统智慧         │      │ ☆ 留有余地       │
│                 │      │ ☆ 利而不害       │      │                 │
│                 │      │ ☆ 唯道是从       │      │                 │
└─────────────────┘      └─────────────────┘      └─────────────────┘
```

图 10-2　法律维权视角下的应对策略分析和传统智慧体现

（一）阶段一：公开声明追责（震慑）

自媒体环境下，当企业受到侵权消费者的伤害时，如果运用法律的手段来维权，应先以企业身份采取公开发表声明的方式，对侵权消费者声明追责或警告。此时，可以要求侵权消费者在自媒体平台公开事情的来龙去脉，向被伤害企业道歉，并置顶保留这些信息一段时间。如果侵权消费者没有做出相应的回应，再进一步发起法律诉讼。采用这种先礼后兵的做法，虽然消费者的侵权行为对品牌形象造成了严重的损害，但企业并未对其做出过分的惩罚，只是要求其公开道歉而已，最终会让旁观消费者觉得企业有理有节。也有些企业在这方面缺乏应对经验，一上来就是法律诉讼，没有给侵权消费者道歉和解释的机会。如果侵权消费者恶意伤害品牌形象，旁观消费者就会比较容易理解企业的做法。但如果侵权消费者在无意中伤害了品牌形象，这么做很容易会让企业陷入被动。

因此，企业在启动法律诉讼前，最好能与侵权消费者进行沟通，了解其伤害行为的动机。《史记》中记载："仁者爱万物而智者备祸于未形。"《墨子》中也写道："仁人之所以为事者，必兴天下之利，除去天下之害。"这些虽然是用于国家的，但用在本讲的研究情境也是合适的，作为被伤害的主体，企业也要怀有"仁"者之心。《道德经》中讲道："为无为，事无事，味无味，大小多少，报怨以德。"这样企业不至于"赢了官司输了民心"，才能实现"小胜靠智，大胜靠德"。

（二）阶段二：索要经济赔偿（依法）

如果遇到无法调解或调和的情况，企业采取法律手段惩罚侵权消费者，在索要经济赔偿时，也应考虑不同程度的赔偿最终所带来的社会影响及其后果。经济赔偿可分为惩罚性赔偿、补偿性赔偿和名义赔偿。惩罚性赔偿是指损害赔偿中，超过被侵权人遭受的实际损失范围的额外赔偿，即在赔偿了实际损失之后，再加罚一定数额或者一定倍数的赔偿金。补偿性赔偿是指以实际损害发生为补偿前提，且以实际的损害为赔偿范围。两者间的区别在于是否区分侵权人的主观过错。如果企业最终对侵权消费者采取了惩罚性赔偿或补偿性赔偿，在自媒体环境下，极有可能会遭到旁观消费者的群体极化反对。因为如此一来，在旁观消费者的心目中，带有强者刻板印象的企业很容易从受害者转变为施害者，而带有弱者刻板印象的侵权消费者很容易从施害者转变为受害者。

如果遇到这样的局面，企业应如何应对呢？建议企业放弃对惩罚性赔偿或补偿性赔偿的执行，采取名义赔偿或称为象征性赔偿。比如，让他们赔偿1元钱，或者其他较小的数额，这样不会给侵权消费者带来较大的经济压力。如此一来，旁观消费者就不会觉得侵权消费者由施害者转变成了受害者，当然也不会觉得受害的企业转变成了施害者。这种做法会让旁观消费者觉得：受害企业既从"法理"的角度，运用相应的法律维护了自己的权益，又从"情理"的角度，原谅或谅解了侵权消费者，最终实现了"情理"和"法理"的平衡与统一。旁观消费者会认为受害企业会"做人"，得理也能饶人，塑造了宽宏大量、充满人情味儿的品牌形象，从而在自媒体环境下，通过这种情绪的传染和动员，实现旁观消费者群体的极化支持。

法律制定的依据是什么？明朝刘惟谦等在《进明律表》中写道："陛下圣虑渊深，上稽天理，下揆人情，成此百代之准绳。"清乾隆皇帝为御制《大清律例》作的"序"中写道："朕……简命大臣取律文及递年奏定成例……揆诸天理，准诸人情，一本于至公而归于至当。"由此可见，法律是依据天理和人情来制定的。《道德经》中写道："孔德之容，惟道是从。"讲述了"人道"应效仿"天道"。因此，作为被伤害的企业，如何做到"情理"和"法理"间的平衡？让公众感觉是一个有情义的品牌，背后需要传统智慧的支撑。

（三）阶段三：提供社会支持（用情）

如果企业执行了惩罚性赔偿或补偿性赔偿，很明显，对于普通的侵权消费者来说，会造成巨大的经济压力。在自媒体环境下，这种情况极易遭到旁观消费者群体的极化反对。那么，此时企业该如何应对呢？如果想像前文提到的名义赔偿或象征性赔偿那样发生反转，建议企业全面深入地了解侵权消费者的家庭情况，看看他的家庭有没有需要支持或帮助的。比如，侵权消费者或其家人是否处于待业状态，企业是否可以为其提供工作机会？这样一来，虽然依法惩罚了侵权消费者，但也同时帮助了他，同样会让旁观消费者觉得企业是有"人情味儿"的。如此曲折的剧情，在自媒体技术的推波助澜下，有可能会被无限放大，不仅能挽回之前因侵权消费者的行为造成的品牌价值损失，还能重新提升品牌形象。

《中庸》中写道："喜怒哀乐之未发，谓之中；发而皆中节，谓之和。中也者，天下之大本也；和也者，天下之达道也。""君子中庸，小人反中庸。君子之中庸也，君子而时中。小人之中庸也，小人而无忌惮也。"《菜根谭》中写道:"待人而留有余,不尽之恩礼,则可以维系无厌之人心;御事而留有余,不尽之才智,则可以提防不测之事变。"因此,作为被伤害的企业,应把握维权的"尺度",按照中庸的思想,做到言行恰到好处,做一个"讲道义,有情义"的品牌。

四、社交媒体环境下,"弱者"伤害"强者"后,"强者"该如何进行营销沟通

从营销沟通视角来看,根据伤害事件中不同主体的利益诉求分析应对策略,如图10-3所示。

受害企业自身("强者"示弱)
☆ 采取悲情表达
☆ 品牌数字化身

营销沟通视角

旁观消费者(转移矛盾)
☆ 受害者迁移诉求
☆ 自我和品牌重叠程度

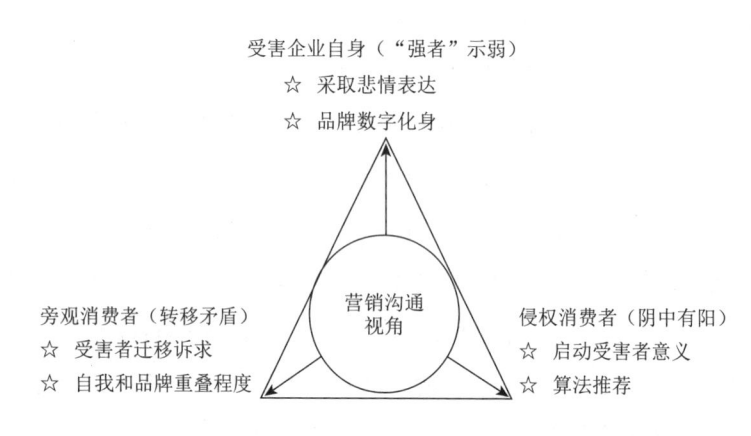

侵权消费者(阴中有阳)
☆ 启动受害者意义
☆ 算法推荐

图10-3 营销沟通视角下的应对策略分析

(一)视角一:受害企业自身("强者"示弱)

自媒体环境下,当企业受到侵权消费者的伤害时,它们可以根据品牌价值和形象受损的严重程度,判断是否需要给予回应。如果需要,就要思考该如何表达自己是一个受害者。前文已经讲过企业因带有强者刻板印象,不具备被伤害的特征,难以让旁观者感知到受伤害。就像一个孩子打了一个大人一拳,旁观者会觉得这个大人难以受到伤害,因为他

不具有脆弱性特征。但事实上，自媒体环境下，由于网络的广泛传播，品牌的价值和形象会受到严重的损害。如果企业只是想办法平息伤害事件，并不能挽回已经造成的损失。

如果企业想要化"危"为"机"，就需要通过情绪动员，获取旁观消费者的同情和支持，进而惩罚侵权消费者。其中的关键在于要让旁观消费者感知到企业作为受害者的脆弱性，因为脆弱性是易受伤害的主要特征。要做到这一点并不难，一方面，企业可以采用数字化技术，开发代表自身品牌的虚拟数字化身，如一些拟人化的虚拟卡通形象；另一方面，辅以悲情表达的文案。采用数字化身可以提高品牌的脆弱性感知，采用悲情表达可以激发旁观消费者的同情之心，双管齐下。在自媒体环境下，这种情绪会相互传染，使旁观消费者对品牌产生群体同情共鸣，最终获得他们的群体极化支持。

《道德经》中写道："上善若水，水善利万物而不争。""天下莫柔弱于水，而攻坚强者莫之能胜。""将欲弱之，必固强之；将欲废之，必固兴之；将欲夺之，必固与之。"作为被伤害企业，与普通消费者相比，拥有强者刻板印象，在向公众诉求时，应遵循"强者示弱"的逻辑，只有这样才能赢得公众的同情。

（二）视角二：旁观消费者（转移矛盾）

当侵权消费者伤害品牌后，企业可以运用营销沟通策略展开受害者迁移诉求，即被伤害品牌通过信息说服策略将旁观消费者也描述为受害者的一种表达，让他们产生受到伤害的感知。其身份由旁观者转变为受害者，这样相对于被伤害品牌来说，旁观消费者就由"外人"转变为"自己人"；而相对于侵权消费者来说，旁观消费者就由"自己人"转变为"外人"。其结果是旁观消费者的身份类别归属发生了根本性的转变，这样也会改变他们对施害和受害双方的是非评价。

当企业成功采用受害者迁移诉求时，会让旁观消费者对侵权消费者产生厌恶、蔑视和生气等情绪，在自媒体环境下，这种情绪会相互传染，对侵权消费者产生群体憎恨共鸣，最终对被伤害品牌给予群体极化支持。尽管如此，并非所有的旁观消费者看到受害者迁移诉求都会发生身份转变感知，这取决于旁观消费者与被伤害品牌间的自我和品牌重叠程度。消费者个体心理自我对品牌的延伸越多/少，自我和品牌重叠程度越高/低，受害者迁移诉求就越容易/难在旁观消费者身上发生，因为重叠程度越高/低，旁观消费者就越容易/难把受害品牌当成"自己人"，进而越容易/难引起旁观消费者身份转变感知。

《道德经》中写道："故有无相生，难易相成，长短相较，高下相倾。""祸兮福之所倚，福兮祸之所伏。"《孙子兵法》中写道："凡战者，以正合，以奇胜。故善出奇者，无穷如天地，不竭如江河。"作为被伤害企业，还可以采取迂回策略，与旁观消费者建立统一战线，从而获得他们的群体支持。

（三）视角三：侵权消费者（阴中有阳）

当带有强者刻板印象的企业因惩罚侵权消费者引发旁观消费者群体的愤怒共鸣和极化反对后，侵权消费者的角色就会由伤害者转变为受害者。如果企业能够引导旁观消费者去发现侵权消费者被惩罚的意义，并且这种意义的寻找是由旁观消费者在自媒体上发起的，我们认为这些信息会降低旁观消费者对品牌群体的愤怒共鸣，进而消除他们对品牌的群体极化反对。这种意义称为受害者意义，它是指人们从负面的经历中去寻找当事人所获得的利益和正面结果。例如，磨难是一笔财富。因此，当侵权消费者被企业惩罚后，可以试图引导旁观消费者启动受害者意义，在自媒体上发起侵权消费者在被惩罚过程中的利益寻找。例如，侵权消费者被惩罚后，他们会吸取教训，不再做出类似的行为，并且自身也得到了成长等。在这个过程中，如果企业再借助平台算法的力量，将启动受害者意义后的利益寻找信息，频繁地推送给旁观消费者浏览阅读，那么就会不断地冲击或修正他们先前对品牌愤怒的固有信念。随着信息推送的强化以及相关评论比例的上升，旁观消费者将形成新的、与受害者意义一致的信念，这个信念会不断代替先前对群体无意识的感性盲从。

《黄帝内经》中写道："阴中有阴，阳中有阳。平旦至日中，天之阳，阳中之阳也；日中至黄昏，天之阳，阳中之阴也。"《道德经》中写道："万物负阴而抱阳，冲气以为和。""知其雄，守其雌，为天下谿……知其白，守其黑，为天下式。"作为被伤害企业，因惩罚侵权消费者引发旁观消费者群体的愤怒，可视为"阴"；去寻找惩罚侵权消费者背后的"正面意义"，可视为"阳"，以此来消除旁观消费者对自己的群体反对。

五、社交媒体环境下被伤害企业危机应对的研究价值

（一）理论价值

第一，从研究问题来看，本讲提出社交媒体环境下消费者伤害品牌后企业该如何应对这一新的研究方向，填补了品牌危机应对的理论体系。以往文献主要聚焦于品牌（强者）伤害消费者（弱者）后企业的应对策略研究，而本讲则从相反的视角，研究消费者（弱者）伤害品牌（强者）后企业（强者）该如何应对。伤害主体与客体间的角色及强弱对比发生反转，为本讲研究的理论价值带来契机，所得结论将完善消费者与品牌相互伤害及应对的理论体系。

第二，从应对方式来看，本讲从施害者、受害者和旁观者三方视角提出不同的诉求方式，丰富了品牌危机应对的具体策略。因为以往企业

危机应对研究大多侧重消除负面影响,主要从施害者(企业)—受害者(消费者)双边视角出发寻找对策。而本讲不仅关注如何消除负面极化影响,还研究如何获得正面极化支持;不仅从侵权消费者(施害者)—企业(受害者)双边视角寻找对策,还从旁观消费者视角寻找对策。并且,本讲从被害企业、旁观消费者和侵权消费者视角提出的信息说服策略,从内容上与以往研究有很大不同。这些均可视为对品牌与消费者相互伤害及应对理论体系的丰富和完善。

(二)管理启示

首先,从企业层面来看,在法律维权前,可以采用拟人化悲情表达向旁观消费者群体开展诉求,让他们感受到企业品牌的脆弱性或易受伤害性,由此通过对他们的情绪动员来惩罚侵权消费者。另外,也可以通过受害者迁移诉求,将品牌自身的受害体验转移给旁观消费者群体,这样可以促使他们角色的转变:由旁观者转变为受害者。在法律维权后,企业可以启动受害者意义来消除因惩罚侵权消费者引发的旁观消费者群体极化反对。例如,借助意见领袖的力量去寻找并发表一些侵权消费者被惩罚后所得到的人生收获。这些建议不仅能让企业减少伤害,还能化"危"为"机"。

其次,从行业层面来看,本讲的研究结论对政府、教育、医疗等领域类似的"弱者"伤害"强者"后的"强者"应对,都有参考和借鉴意义。随着社交媒体科技的发展,如消费者对品牌这样的"弱"对"强"的伤害事件,不仅在商业领域出现,在政府、教育、医疗等领域也层出不穷,而且形式多样,给那些带有强者刻板印象的组织带来了极大的困扰。因此,本讲所提出的拟人化悲情表达、受害者迁移诉求、启动受害者意义等应对策略,不仅可以指导商界企业,也可以为其他领域主体遇到类似事件时的应对提供有益的参考和指导。

最后，从社会层面来看，本讲的研究结论为缓解或消除社交媒体环境下群体负面极化给社会和国家带来的极大风险和不良后果提供了有效的解决思路。当前我国网络传播中舆论的群体极化现象比较突出，网络群体事件频发，已逐渐成为严重影响社会稳定的突出问题。本讲研究结论能够为政府等社会管理部门提供有效的信息说服策略及其解释机制，在掌握网络舆情动向的基础上疏导群体舆论。例如，通过机器学习等技术向公众推送正能量的、个性化的帖子评价信息，合理规避网络舆论群体极化的负面效应。

综上所述，在以数字化技术为基础的自媒体环境下，本讲从法律维权和营销沟通两个视角，系统深入地梳理了自媒体环境下"弱者"伤害"强者"后，"强者"应如何应对的策略。

参考文献

[1] 黄静，王新刚，张司飞，等. 企业家违情与违法行为对品牌形象的影响 [J]. 管理世界，2010，5：96-107+188.

[2] 王新刚，李祖兰.全球市场产品召回双重标准研究：公平感知偏差视角 [J]. 江西财经大学学报，2022（2）：12-27.

[3] 王新刚，周玲，周南. 品牌丑闻跨国非对称溢出效应研究：国家形象构成要素视角 [J]. 经济管理，2017，39（4）：128-142.

[4] 王新刚，彭璐珞，周南. 企业品牌危机管理中舍得行为研究 [J]. 经济管理，2018，40（11）：125-139.

[5] 王新刚，龚宇，聂燕. 假洋品牌概念界定及其存在影响因素扎根研究 [J]. 南开管理评论，2019，22（6）：40-49.

[6] 王新刚，李秀秀，王璐璐. 危机情境下投机优惠抢购行为扎根研究—经济理性引发社会失范 [J]. 营销科学学报，2022，2（3）：99-118.

[7] 王新刚，林荫.直播带货"翻车"治理机制研究 [J]. 经济管理，2022，44（2）：178-191.

[8] 王新刚，王璐璐，龚宇，等. 外群体威胁是如何影响品牌转换意愿的？—我们感的中介和品牌族性的边界检验 [J]. 管理评论，2023，35（11）：206-216+241.

[9] 王新刚，李祖兰. 自媒体环境下的营销创新：弱者伤害强者后，强者该如何应对 [J]. 清华管理评论，2023（9）：38-45.